その子らしさに応じる授業を実現する！

算数授業の
パーパス思考

志田倫明 著

東洋館出版社

算数授業のパーパス思考

教師が「志」をもてば，教育の効果は上がる。

「志」は，信念や教育観とも置き換えられます。「風が吹けば桶屋が儲かる」のようなこの論理には説明が必要でしょうから，少しだけ説明します。

　教師は自分の「志」を基に日々子どもを見とります。教師が見とる子どもの姿は，その教師がもつ「志」というフィルターを通して見えている姿です。次に教師は，見とった子どもの姿を基に行う指導を決めます。日々，子どもの実態に合わせて，指導の方法や内容が選択されていきます。これが繰り返されることで，その教師がとる指導に一貫性が出てきます。そして一貫性のある指導によって，子どもの変容が起こるというわけです。一貫性のある指導でなければ，子どもの変容は期待できず効果は上がりません。

　このように指導とその効果の構造を捉えると，教師に「志」がなければ指導に一貫性が生まれず，効果も期待できないことがわかります。また，もっと恐ろしいのは，謝った「志」をもってしまうと，全てが誤っていってしまい，誤った方向に効果が表れてしまうという点です。

　例えば，全国学力・学習状況調査の結果が公表されると「当校（当市）は，平均点以上（〇位以上）の達成を目標とする」のように得点や順位が学校，地域の目標として設定されると耳にすることがあります。この目標を「志」として掲げ日々授業をしたら，子どもはどうなるでしょう。おそらく点数や順位が高いことにしか価値をもてなくなるでしょう。私は，テストの得点や順位自体を意識することは誤っているとは思いません。しかし，まずは得点をとれるだけの知識を身に付け，他の力（思考力や学びに向かう力）はその後に育むという**「偏った優先意識」には問題がある**と考えます。

　これは，経営でいう利益至上主義に似ています。利益を上げることは重要なことですが，偏ってしまうと一つ一つの仕事の内容や方法も利益を上げるためだけの決定が行われるようになります。現在ビジネスシーンでは，社会変動や急激な価値観の変化に伴い，この目標の再構築が行われています。利

益に偏らず，社会をより良くするために「なぜその企業があるのか」と企業自らの存在意義を問い直し，最上位の目標として掲げるのです。これが本書のテーマになっている「パーパス（Purpose）」です。例えば「クリエイティビティとテクノロジーの力で，世界を感動に満たす」というソニーグループが掲げたパーパスは，耳にしたことがある方も多いでしょう。

　教育の話に戻します。現在教育界には，「個別最適な学び」「見方・考え方」「教育DX」等の様々なキーワードが溢れています。現場ではその1つ1つについて「個別最適な学びってどうするのか」「1人1台端末で何をすれば良いのか」などと，方法や内容の正解探しが行われているように思えてなりません。しかし，多様な価値が溢れる中，ただ一つの正解といえる方法や内容はおそらくないでしょう。それは，授業をする教師が判断するほかないのです。そのためにも，私たち教師が目の前の子どもと行う授業の意義を考える必要があります。「なぜその授業をするのか」という問いに答えるパーパス（志）を掲げ，それを基に子どもを見とり，指導の方法や内容を判断するのです。

　Society 5.0やデジタル化を背景にした社会の構造的な変化は，**「みんなと同じことが大事」から「他者との差異や違いに意味や価値がある」へと大きな変革**をもたらしています。日本社会全体が変革の岐路に立っています。だからこそ，このような社会につながる授業の存在意義を掲げ，授業を変えていくことが重要です。「目の前の入試は変わっていないから」とテスト至上主義の偏った優先意識をパーパスに掲げてしまっては，またこれまでの授業を繰り返すことになります。入試は変わっていないけれども，目の前の子どもには，「他者との違いを理解し，自ら問いをたて，それを自分らしく探究することが大事だ」と力強く伝えたい。そのような意義を感じられる授業をしたい。私だったら，このような「パーパス（志）」を力強く掲げたいと思います。

　本書は，私なりのパーパスとそれに基づいた算数授業を提案するものです。読者の皆さんが，「自分は何のためにその授業をするのか」と繰り返し自問自答し，自分らしい「パーパス（志）」を掲げ，これからの社会を生きる子どもに必要な算数授業を創ることにお役立ていただけたら幸いです。

志田倫明

算数授業のパーパス思考
もくじ

第1章
理論編 パーパス思考の授業構想

第2章
実践編 らしさに応じるパーパス思考の授業実践

焦点化場面での分岐

練り上げ場面での分岐

まとめ場面での分岐

発展場面での分岐

第 1 章

パーパス思考の
授業構想

Purpose

志

　皆さんには，"憧れ"の授業はありますか。

　すぐに思い浮かぶ方もいるでしょう。"憧れ"と言えなくても，「こんな授業をしてみたい」と思えた授業を参観したことはあるかもしれません。まだ出合っていない方は，今後，そのような授業と出合うことがあるでしょう。どんな授業に憧れをもつかは人それぞれですし，その時々で変わるものかもしれません。

　しかし，憧れをもったということは，その教師がしていたことや学んでいる子どもの姿に心惹かれる何かがあったのでしょう。自分が実現したいと願う授業の何かが。

　「なぜその授業をするのか」

　憧れる授業には，この問い掛けの答えにつながる授業の存在価値，授業者の志が含まれています。この点をパーパスとして掲げ，全ての教育活動の基準とするとよいでしょう。

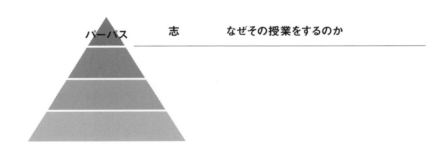

パーパス　　　　志　　　　　　なぜその授業をするのか

1 自由とその子らしさ

1 憧れの授業

　私が初めに憧れをもった授業は，教職２年目に見た冬の筑波大学附属小学校の授業でした。２年生の「かけ算」の単元の活用場面。３×12についてアレイ図を用いて考える授業でした。

「36」という答えを確認したら終わるのではなく，３×６と３×６のアレイ図に分割して考えたり，さらに移動させて６×６の正方形にアレイ図が並ぶと捉え直したりして，計算や図形の理解を豊かにしていく展開だったと記憶しています（約20年も前の話ですので，記憶が定かではありませんが）。

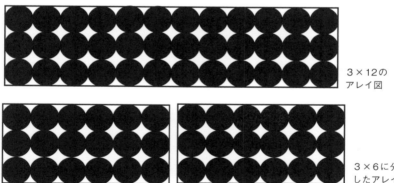

３×12の
アレイ図

３×６に分割
したアレイ図

　自分が小学生だったときにも受けたことがない，教員になってからも見たことがない「かけ算」の学習の提案にまず驚きました。協議会に参加して，授業者の意図を聞き，２年生の学習でありながら３年生以降の学習へのつながりを意識したことや，計算領域の内容だけでなく図形領域の内容にもつながることを意識していることが分かり，教材研究の奥深さと自分の勉強不足を痛感しました。

2 自由に追究する子どもの姿

　驚いたのは，この学びを子どもが自らつくっていることでした。
「先生，そこを分ければ，これまで勉強した九九が使えるよ」と，3×6と
3×6に分けるアイデアが出されます。
「動かして合体すれば6×6にもなる。正方形だ」と，移動させるようなア
イデアまで出てきます。

　教師は子どもと一緒になって悩みながら問題
と向き合っているように感じました。教師が教
えているように見えないのです。
「それってどういうこと？」「きみ，天才だね」
「すごい。どうしてそんなアイデアが思いつい
たの？」

　教師が子どもに掛ける言葉。私も参観しなが
ら同じことを感じていました。何より教室の空

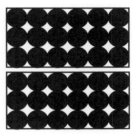

6×6に変形したアレイ図

気が温かい。子どもも教師も笑っていて，授業云々の前に子どもと子ども，子
どもと教師のやりとりが自然で，心地よく感じました。1人1人が自由に追
究し，その追究を認め合っているのです。

3 憧れと現実のギャップ

　当時2年生を担任していた私は，早速自分の学級で同じ授業を実践しまし
た。研究会で見た授業の子どもの姿が頭から離れず，自分の学級の子どもも
同じように授業をする姿を思い浮かべたらワクワクが止まりませんでした。

　しかし，実際授業をすると，開始5分でそのワクワクは消え去りました。イ
メージしていたものとはあまりにかけ離れた現実が待っていたのです。

　私がイメージしていた，「分ければ……」とか「移動させると……」などと
子どもが生き生きと発想する姿は出てきませんでした。「1つずつ●（アレ
イ）を数えれば」「横に12個並んでいる」など想定とは異なる発言ばかり。私
が「他には？」と求めれば求めるほど，子どもが引いていくのがわかりまし
た。子どもにも教師にも笑顔はなく，教室は緊張感に包まれました。

「研究会で見たあの授業を指導案通りやってみたけど，子どもは想定した通りに子どもが反応しなかった」

このような経験は，皆さんも少なからずあるでしょう。

「どうしてこの子どもたちには思いつけないのだろう」

「どうしてこのアイディアに感動できないのだろう」

「あの学校の子どもだからできることで，自分の学校の子どもには無理なんだ」

授業をやりながら，私はこんなことを考えていました。自然と子どもに原因があると捉えていたのです。子どもが違うからできない，この子どもたちの学力では難しい，このクラスでは無理だ……と。

4 憧れの正体は"自由"と"その子らしさ"

どうしたら，憧れる授業と同じ授業ができるのか。しばらく悩みました。いろんな先生の授業を参観し，追試することを繰り返しました。その度に，イメージとは異なる展開になり，うまくいかないことを反省しました。「本当はこうしたかった。でもこうならなかった」と。

あるとき，担任をしていた6年生の子どもとの，おしゃべりの中で，次のような話を聞きました。

<u>「授業でやりたいこと言っても無駄だよね。結局先生が決めているもん」</u>
<u>「私なんか，先生が言われたら喜びそうなことを考えて言っているよ」</u>

特定の授業を批判するような言い方ではなく，授業に対する素直な思いを語っていた感じでした。しかし，私には思いもよらないことで，驚きを受けました。そして，憧れの正体が一気にひらけた感じがしました。

子どもの実態の違い，指導技術の未熟さ，教材研究の不足，これは憧れの授業と同じ展開にならない原因ではありました。でも，よい授業にならない原因ではなかったのです。よい授業にならない原因は，"イメージと同じにならないこと"を"うまくいかないこと"と捉えていた，自分の授業観だったのです。

振り返ると，かけ算の授業を追試したときに，「●（アレイ）を１個ずつ数えた」と発言した子どもがいました。私は想定とは異なるこの発言を取り上げませんでした。しかし，この子どもは精一杯問題と向き合って，時間をかけてでも総数を正しく求めようとしていたのかもしれません。そうだとしたら，私は自分が欲していた考え方を求めるために発した「他には？」という言葉で，この子どもが大切にしていた“堅実さ”という価値観を切り捨ててしまっていのかもしれません。

　アレイ図を見て「横に一列12個が３列分」と発言した子どももいました。この子どもは，縦に並んだ３個を１つ分のまとまりと見ている子どもが多い中，横の並びを１つ分のまとまりと見ることもできるという“多角的な視点”で捉えることを主張していたのかもしれません。そうだとしたら，私は「どれもよいアイディアだ」と一括りにしてしまうことで，その主張をぼやかしてしまったのかもしれません。

　目の前の子どもが問題と向き合い一生懸命に考えていたことには目を向けず，自分がイメージしている子どもの姿や授業の展開を押し付けていた自分が，「授業がうまくいかない」なんて言っていたことが恥ずかしくなりました。私が憧れていたのは，授業が指導案の通り流れる展開ではありませんでした。授業中の鋭い子どもの発言でもありませんでした。授業をしている子ども１人１人が，“自由に”“その子らしく”算数を学んでいる姿だったのです。

『子どもが“その子らしく”，“自由に”学ぶ』

　自分が自分らしくいられること，自分以外の他者もその人らしくいられること。これは，社会で幸せに生きていくために，そしてみんなにとってよりよい社会をつくっていくために必要なことです。私は学校で授業をする価値を「子どもが“その子らしく”“自由に”学ぶ」ことに価値があることを強く感じました。だからこそ，志をもって目の前の子どもたちと共有するパーパスに掲げることにしました。

2 その子らしく学ぶとは

1 子どもは「その子らしさ」を認識している

　ある年の3月。4年生との最後の算数授業の時間でした。同級会の日を決めるために，10年後の日にちや曜日を考える課題でした（詳細は○ページの実践「10年後にまた会おう」）。わり算を使って問題を解決し，学級のみんなで解決の方法を確認したところで，ある子どもが呟きました。

　<u>「先生，ここにお休みしていた，キノちゃんがいてくれたらなあ」</u>

　キノちゃんは，その日欠席していた子どもです。私は，この発言を「一年間の最後の算数授業だったので，みんなで受けたかったのかなあ」と受け止め，
　「そうだね。みんなで確認したかったね。明日学校に来たら教えてあげよう」
と返しました。すると，

　「違う，違う，僕が言いたいのはそういうことじゃない。キノちゃんがいてくれたら，ここからまた**盛り上がる**のになっていうことだよ」
と反論を受けました。子どもの発言を勝手に解釈してはいけないと気を付けていても，つい教師が先回りしてしまっていたことに反省しました。

　「どうして，キノちゃんがいたらここから盛り上がるの？」
と，発言の真意を尋ねました。その子どもは次のように答えました。

　「だって，普通答えが見つかると算数の問題って終わりでしょ。でも，キノちゃんは答えが見つかった後に『<u>だったら○○のときはどうなるんだろう</u>』って，もっと考えることを提案するから」

私は，子どもが普段の授業をこのように捉えていたことに驚きました。「だったら○○のときはどうなるんだろう」という，対象を広げて発展的に考察しようとする学び方は，"キノちゃん"という個人が得意とする思考だと認識していたのです。

そして，キノちゃんがいることで，発展的に考察する学び方が周りに広がり，それが集団（クラス）の学びを深い学びにしていると自覚していたのです。

キノちゃん

発展思考

2 子どもは「自分らしさ」も認識している

「キノちゃんがいてくれたらなあ」と発言した子どもに，私は尋ねました。「でも今日はキノちゃんいないよね。それならあなたが『だったら……』って考えて，キノちゃんの代わりをしたら？」

その子どもは次のように答えました。

「ぼくは，ひらめきタイプだから，出番はそこじゃないんだなあ」

「じゃあ，キミの出番はどこなんだ！」と心の中でツッコミたくなりましたが，確かにこの子どもは他者と異なる新しい発想や視点で発言することが多い子どもでした。そして，そうした"ひらめき発言"によって，問題解決の結論には直結しないとしても，停滞していた集団の思考が活性化することがしばしばありました。

こんなやりとりからも，子どもは友達の"その子らしさ"や"自分らしさ"を自覚していることが分かります。そしてその子らしさが集団の学びを動かしていることを理解しています。

3 子どもはその子らしい学び方を身に付けている

このような視点で授業（詳細は120ページの実践「10年後にまた会おう」）を見ると，1人1人の思考が集団の学びに大きな影響を与えていることが分かります。

10年後の●月●日の曜日を求めるとき，

「<u>いきなり10年後は難しいから，まずは1年後の曜日を考えたらいいよ</u>」

と発言したハネオは，<u>問題を単純な場面に置き換える思考</u>を集団に促しています。

「<u>1年ごとに全て順番に調べてみよう</u>」

と発言したショウコは，<u>順に落ちなく調べていく思考</u>を集団に促しています。

「<u>1年分の時と同じように，10年分も考えればいいよ</u>」

と発言したトモコは，<u>汎用的に捉える思考</u>を得意とし，集団でそのように考えることを促しています。

1時間の授業の各場面で，ある子どもの思考がきっかけとなって集団の思考を促しています。さらに，それぞれの思考は，別の授業場面でも同じように発揮されていることが見えてきました。

例えばハネオは，データの活用の授業の時間に，「集めた情報を並べかえて簡単にすると……」と考えていました。計算の意味を考える場面では「問題を図に置き換えると……」と考えていました。

つまり，ハネオは，わり算の授業でたまたまそう発言したのではなく，いつも「自分が捉えやすい場面に置き換えて考える」という学び方をしていたのです。

例えばショウコは，直角三角形の面積を求めるとき，1 cm^{2}のますに1つ

ずつ番号をふって（ときに等積変形させて）確かめながら数え，できるだけ
正確な面積を求めていました。あまりのあるわり算の学習では，あまりが除
数を超えないことを確かめるために，「除数が5（○÷5）のときは……，除
数が6（○÷6）のときは……」と除数を変えながら確かめていました。
　つまり，ショウコもまた，わり算の授業でたまたまそう発言したのではな
く，様々な授業でいつも，「落ちがないように順に調べていこう」という学び
方をしていたのです。

　トモコもそうです。かけ算の学習をしているときに「図形の学習場面と同
じように考えると……」と考えたり，面積の学習をしているときに「これ長
さやかさの学習場面と同じように考えると……」と考えたりしていました。
　つまり，トモコは異なる場面で学習したことを違うものと捉えずに，同じ
ように用いることができる汎用的なものと捉える学び方をしていたのです。

　このように，子どもはそれぞれ得意な「学び方」を身に付けています。こ
れまで様々な場面で様々なことを学んできた子どもは，その過程で学び方の
癖のようなものを身につけているのです。この学び方は人によって違います。
生活経験や学習経験が違えば，学び方も違うのは当たり前のことです。
　授業で教師が同じものを見せても，同じ言葉で尋ねても，同じ環境にいて
も，子どもの捉え方や考え方は違います。<u>同じ目的に向かっていても，その
時点で自分の得意な学び方を発揮しているのです。これが，私が捉える「そ
の子らしい学び方」</u>です。

3 その子らしさと学級らしさ

1 その子らしさが集団をつくる

　子どもは1人1人その子らしい学び方を身に付けていて，その子らしい学び方が発揮されることで，集団の学びに大きな影響を与えていることを述べてきました。学級で行う授業は，教師が一方的に動かせるものではありません。子どもが1人1人もっているその子らしい思考があり，その思考が集団に影響を与え，集団の学びが動き出すのです。

　これは，同じ教師が，同じ指導計画で，同じ教材や同じ発問をしても，隣の学級で授業をすると全く異なる展開になることからも明らかです。

　この，個と集団の関係は，チームスポーツと似ていると思います。

　得意とするプレーや体格，運動能力，性格等は選手1人1人違います。そして，チームが変われば，構成メンバーも変わります。例えばバスケットボールでは，背は小さいけれどスピードやパスの技能が高い選手が多いチームと，背の高い選手と遠くからシュートを入れる力をもった選手がいるチームでは，同じ試合に臨むとしてもその戦略や練習の仕方は異なります。そして，そのチームの特性に合わせた練習をしないと，1人1人の力をよりよく伸ばすことはできないのです。チームの強化の仕方は，そこに集まっている選手の個性によって異なるのが当たり前です。

　学級に話を戻しましょう。1人1人の個性をチームの強化に生かすことと同じように，学級の学びも1人1人の個性を生かすことが重要です。教師の指導しやすさを優先してルールのようなものを定め，子どもが本来身に付けている学び方を出しにくくしてしまっていることもあります。学級という集団を，たくましく追究できる集団に強化したいのならば，このようなやり方は逆効果です。

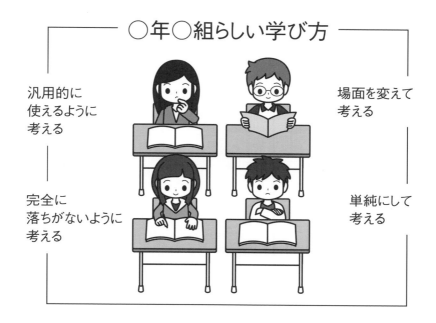

○年○組らしい学び方

汎用的に
使えるように
考える

場面を変えて
考える

完全に
落ちがないように
考える

単純にして
考える

　教師の<u>目指す集団に1人1人が合わせるのではなく，1人1人の"らしさ"</u>
<u>が発揮されることでよりよい集団がつくられていく</u>わけです。そう考えると，
各学級の学び方は異なることが当たり前と捉えることができます。「4年1組
らしい学び方」と「4年2組らしい学び方」は異なって当たり前であり，異
なっていることが学級の1人1人がその子らしく学べている証しともいえます。

2 みんな同じじゃなくていい

　しかし，同じことを教えなければいけない学校において，「1人1人の学び
方が違っていい」「クラスごとに学び方が違っていい」と言いきってもよいの
でしょうか。教えなければいけないことが保障されないのではないか，不平
等を生じさせてしまうのではないのかと，不安をもつ方もいらっしゃると思
います。

子ども全員に同じように学びを保障するために，指導法を揃えたり，課題解決の方法を揃えたりすることも考えられます。子どもの多様さを認めてしまうと，学びが成立しにくくなったり深まらなくなったりすると考えて，進度を揃えながら授業を進めることも考えられます。このような不安や迷いをもったとき，「パーパス」に立ち返ることが必要です。

"なぜその授業をするのか"

　この問いの答えを，自分で考えてみるのです。特に，社会とつながる学校教育の存在意義という視点で考えます。社会はすでに，「みんなで同じことができる」「言われたことを言われたとおりにできる」人材を求めてはいません。極端なことを言えば，そのことはもう人ではなくコンピュータができてしまうのです。しかし，未だに学校教育は，「正解（知識）の暗記」や，「みんなと同じ（集団との同調）」「言われた通り動く（教師への忖度）」といったことに価値をおいてしまう傾向があります。このような力が，よりよく社会を生きる，よりよい社会をつくるために生きて働く力になっていないことは，これまでの教育の反省として明確に挙げられていてもなお，長く続いた「学校ってそういうもの」という意識からなかなか抜けられないのです。

　平成29年度告示の学習指導要領では，初めて前文が設けられ，学校教育への理念が示されています。

> 　これからの学校には，こうした教育の目的及び目標の達成を目指しつつ，一人一人の児童が，<u>自分のよさや可能性を認識する</u>とともに，<u>あらゆる他者を価値のある存在として尊重</u>し，<u>多様な人々と協働しながら</u>様々な社会的変化を乗り越え，豊かな人生を切り拓き，持続可能な社会の創り手となることができるようにすることが求められる。
> 文部科学省（2017）「小学校学習指導要領」p.15

「自分のよさや可能性の認識」「あらゆる他者を価値のある存在として尊重」「多様な人々と協働」等，子どもの多様性を前提とし，自分らしさや自分とは異なる他者らしさを認めていくことを表しています。

これは，本章の冒頭で紹介した子どものつぶやきのように，「キノちゃんの考え方」や「自分の得意とする考え方」を認識し，異なる他者と一緒に学ぶことが楽しいと感じている姿と重なることです。

　これまでも，協働の中で自立した個人を育成するという理念は大切されてきました。しかし，実際に行われてきた方法や育成されてきた姿については，違うものもありました。反省し，改善していくことが学校に求められています。

　改めて学校で学ぶことの価値を1人1人の教師が持ちましょう。"パーパス"を掲げ，子どもと共有するのです。

「1人1人が異なる得意をもっていることで，集団全体の機能を上げていく」

　例えば，このように学校で学ぶ価値を捉えられれば，これまでの同調や忖度といった，多様性と逆行するような価値観は繰り返されないと考えます。

　これは子どもや学級の話だけではありません。社会全体の話と捉えることが大切です。例えば，学校に勤める教員は，これまではある程度のレベルのことをある程度同じようにできる人材が求められてきました。これからは1人1人がもっている異なる専門性や個性を発揮することで，学校全体の機能を上げていくことが求められると考えられます。様々な専門家がいるから，学校全体が良くなるのです。

「みんな同じがいい」から「みんな同じじゃないことに価値がある」へ

　私たち教師がこれまでの教育の価値観にとらわれず，社会につながる，社会の一部としての学校の価値を常に見直していく姿勢が必要なのでしょう。

Vision

目標

「その子らしく，自由に学ぶ」ことを，パーパス（志）に掲げ，教師と子どもで共有することの価値を述べてきました。
　ただ，このような主張をするときに，前提としなければいけないことがあります。当然ですが，「その子らしく，自由に学ぶ」ことを大切にするというのは，「その子がやりたいことはなんでも認める」ということではありません。

　前提となるのは，ビジョン（目標）があるかどうかでしょう。「どこを目指すのか」という目標を教師も子どもも自覚し，目標に向けて「その子らしさ」を発揮していることが大切です。集団で学ぶときは，みんなが目標を共有しておくことが大切でしょう。個人で学ぶときは，自分の目標を自覚しておくことが大切でしょう。
　目標が自覚できていない状態は，目的地のない旅行と一緒です。目標なくさまよっているだけでは，何も得ることはできません。

　では，算数のビジョン（目標）は一体どのように設定すればよいのでしょう。

パーパス	志	「その子らしく，自由に学ぶ」
ビジョン	目 標	その授業はどこを目指すのか

4 目標をアップデートする

1「学習者の視点」の問題解決

　まず，学習者である子どもは，どのように問題解決に取り組むのかを考えます。

　子どもは未知の問題に出会ったとき，試行錯誤するものです。試しては立ち止まり，ときに失敗に気付いて考え方を大きく変えることもあるでしょう。解決に近付いたと思ったら，また戻り，やり直してみることもあるでしょう。このように様々な紆余曲折を経て，徐々に目指す目的に向けて歩を進めていくのです。

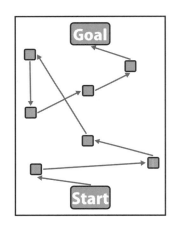

　この歩みはもちろん時間がかかるものですが，この過程でこそ，算数の授業で私たちが育てたいと願っている力が子どもから引き出されるのです。

　またこの思考の道筋は，子どもによって違います。その子どもがこれまでの経験や習得している知識，身に付けている学び方によって，様々な道筋を辿るのです。もっと短く目的を達成する子どももいれば，もっと行きつ戻りつする子どももいます。また同じ方向でも進み方がゆっくりな子どももいればはやい子どももいます。まさにその子らしい問題解決の道筋であり，子どもによって多様なのです。

2「指導者の視点」の問題解決

　しかし，指導者である教師が構想する道筋は子どもとは異なる道筋を思い描きがちです。

　子どもは授業で初めて問題と出合いますが，教師はその問題解決を既に経験しています。そして，解決までの最短ルートも見えています。そうすると，一見この無駄のない道筋が，子どもにとっても分かりやすいものだと考えてしまいます。

　例えば，三角形の内角の和について考えるとき，教師はどのように授業を構想するでしょう。まず，三角形の3つの角を切り取ってくっつける方法で180°であることを確かめる。次に分度器で角度を測ってやっぱり180°であることを確かめる。最後に形

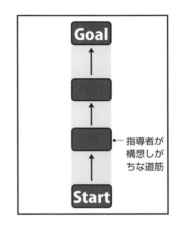

が違う三角形についても確かめる。こうして三角形の内角の和は180°であることを理解すると考えるかもしれません。そして，この流れが，子どもにとっても理解しやすいと考えてしまうのです。

3「学習者の視点」と「指導者の視点」のずれ

　ここで，「学習者の視点」の問題解決の道筋と，「指導者の視点」の問題解決の道筋を重ねてみます（右図）。

　もしも，教師が想定した道筋しか授業で扱っていなかったら，本来試行錯誤の過程で出てくるはずのその子らしい問題解決の道筋を無視してしまっていることになります。

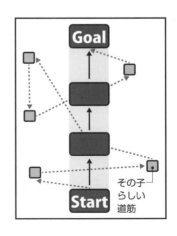

例えば，三つの角を切って並べても，その操作の正確性から180°であることが確認できない子どももいるでしょう。分度器の測り方が未熟で180°を確かめられない場合もあります。切ったり分度器を使ったりする方法ではなく，他の方法で確かめようとする子どももいるかもしれません。

　そのような子どもにとって，教師が構想した考え方を構想した順で行うことは，「その子らしい問題解決の道筋」からは離れた分かりにくいものになってしまっているかもしれないのです。

　集団で学ぶ授業において，全ての子どもの問題解決の道筋に応えることは難しいことでしょう。それでも，子どもはその子らしく多様に学んでいること，教師の構想が子ども本来の問題解決の道筋とは異なっているかもしれないことを知っておくことは，子どもが主体となって学ぶ授業，いわゆる「子どもが主語になる授業」をつくるときに，重要なことなのです。

　その子らしい追究については，学習指導要領でも大切にされています。例えば算数科の目標には「数学的活動を通して」という表現があります。読み替えると，数学的活動を通さない授業では資質・能力の育成はできないということです。

　数学的な活動については，「自立的，協働的に解決する過程を遂行すること」「問題発見や問題解決の過程に位置付けてより明確にしたもの」という説明があります。子どものその子らしい道筋を大切にすることと重なることだと考えます。

　教師も子どもも，算数は正しい解決に価値があるように捉えがちです。しかし，学習指導要領では「数学的活動」を通すことは，正しいかどうかではなく，まずは子どもが自ら目的をもって，算数に関わりのある活動に取り組むことの重要性を述べています。間違っていることや解決に必要のないことまで考えている子どもの追究は，時間がかかり一見無駄な活動に見えてしまうこともあります。しかし，掲げた「その子らしく自由に学ぶ」という「パーパス」に立ち返れば，子どもが自分で追究の方向を決定し，自分で試行錯誤する過程こそ，子どもに経験させるという判断をすることができます。

4「指導者の視点」で目標をアップデートする

そのためにも教師が設定する目標を大きくもつことが大切です。教師が設定する目標が小さく細かいと，子どもが判断できる幅が狭くなります。すると，子どもが本来追究したい道筋ではなく，教師が設定した幅の道を通るように導かれる授業になってしまいます。これでは，子どもは自由になれず，「先生は何を求めているのかな」と教師の意図を忖度するような意識が働いてしまいます。主体的に見えて自由度が低く，受動的であることに主体性を発揮しているとも捉えられます。

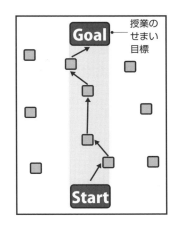

そこで目標を大きく，より本質的なものに絞って設定することとします。すると，子ども1人1人のその子らしい追究を認めることができるようになります。大きくより大事なものに絞って目標を設定することで，今まで見えなかった価値ある子どもの追究に光を当てることができるようになります。

改めて確認したいのは，育てたい力は子どもの中にすでにあると捉えることです。誰かが教えなければ育たないという捉えでは，子どもが目的意識をもって取り組む活

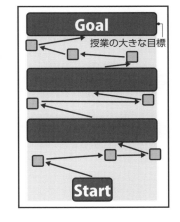

動に「その子らしく自由に学ぶ」という価値を見いだすことはできません。

5 算数科の大きな目標

1 教科を主語にする

　算数科において，目標を大きくするとはどういうことでしょう。
「今日の算数は，何がねらいだったかな」
「次の時間は何をする時間だったかな」
　目標は，このように授業を振り返ったり構想したりするときによく話題になります。しかし，その1時間の目標だけを意識していては，目標が小さく網羅的なものになってしまいます。
　そこで「その時間は？」と1時間ごとに考えがちな目標を，一旦「算数は？」と教科を主語にして考えてみます。

　算数は何を目標としている教科でしょう。私は「統合的・発展的に考察し，抽象化すること」だと考えます。言い換えると「直接見える現実の世界を，直接は見えない数理の世界に変えること」です。算数・数学の認識は，数学的に抽象化していくことで深まります。

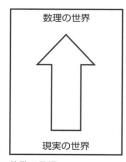

算数の目標

　例えば数を学ぶ場面。キャンディが五つも，ボールが五つも，車が五台もどれも「5」と表す同じまとまりと捉えることで，「5」という抽象的な概念を理解します。さらに，5L，5時間など，様々な事象も「5」と表すまとまりに含めていくことで，抽象化を進め，認識を深めていきます。この時，抽象化された「5」を具体（人は5人，長さは5m等）に戻して説明できることも，認識を深めることにつながっています。

2 統合的・発展的に考察する

　算数科の特性は，この具体的な事象を抽象化していく過程で働く考え方にあります。その考え方は「統合的・発展的に考察すること」と表現されるものであり，算数科だからこそ身に付けられる「学び方」だと考えます。つまり，<u>算数科は具体的な事象を抽象的な事象に進化させる過程で，「統合的・発展的に考える」という学び方を学ぶ教科</u>だと捉えることができます。

算数の学び方

　例を示しましょう。１年生のくり上がりのあるたし算の学習です。
　１時間目は「8＋3」のような問題を通して，加数である3を分解して「10と1で11」と解決する方法を学びます。2時間目は「3＋9」のような問題を通して，被加数である3を分解して「2と10で12」と解決する方法を学びます。3時間目は「8＋6」のような問題を通して，加数も被加数も分解して，「3と10と1で14」と解決する方法を学びます。

具体的事象の段階

　この1つ1つは異なる方法と認識されている具体的事象です。

　具体的事象が増えると，それをまとめることで抽象化していくことができます。例えば加数を分解する方法と被加数を分解する方法をまとめて，「小さい数の方を分解する方法」のようにまとめることです。また「8＋6」だけでなく「8＋7」や「6＋5」などを解決することで，「両方を分解して5と5をくっつける方法」のようにまとめることです。

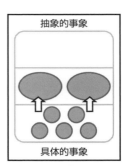

抽象化する段階

さらに抽象化を進めると、「小さい数の方を分解する方法」も「両方を分解して5と5をくっつける方法」も結局は「10のまとまりをつくる」ことだとまとめることができます。こうして、具体的な事象をまとめることで、抽象的な概念に進化させているのです。

このように、最初は異なるものと認識していた事象を、ある視点で捉え直したときに同じものと認識し直すことが「統合」です。

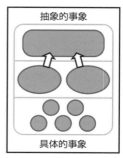

総合する段階

また、「統合」することで抽象化した概念が、他の場面にも当てはまるのか範囲を広げて考察することが「発展」にあたります。

たし算を例にすると、「10のまとまりをつくる」ことは、「9＋7」や「5＋9」にもあてはまるのか。さらに広げると「16＋7」のときはどうか。たし算だけでなくひき算はどうか、と考察の範囲を広げていくことです。

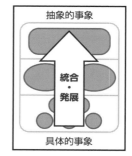

発展の段階

「統合」「発展」という、具体と抽象を往還しながら、<u>物事を固定的・確定的なものと考えずに、絶えず考察の範囲を広げていくことで新しい知識や理解を得ようとする「学び方」こそ、算数で学ばせたい「学び方」です。</u>

3 抽象化はこれからの社会をつくるキーワード

今後ますますデジタル化が進む時代に、人間に求められる力はなんでしょう。経産省で局長も務めた、東京大学客員教授の西山は、その著書『DXの思考法』の中で、まずは抽象化してみてそれから具体化する、つまり「上がってみてから下がる」という発想が大切だと述べています。

抽象化するということは、色々なものに適用できるものが見えるということです。まだ適用できるものが見えるかどうか分からない段階で、「全てを一

つにまとめて抽象化してみれば，より多くのことが一気に解決できるのではないか」と発想することは，人間だからこそできる強みです。これは，今後デジタル化が進んでも，人間に求められる力といえるでしょう。そして，このような発想による抽象化する力が，今日の社会をつくっているのです。

　教科指導の目標は，「見方・考え方」を働かせて資質・能力の育成することです。これは，まさに抽象化する力を育てることそのものでしょう。社会は，正解のない問題に溢れています。こうした本物の課題の解決方法や姿勢を学ぶためには，問題自体や問題解決の方法を「全てを一つにまとめることはできないか？」と考える抽象化の思考が必要です。
「調べればどこかに正解がある」「答えを知っている誰かが教えてくれる」という正解がある問題ではないからこそ，自ら情報を集め，自分にない視点や考えに触れ，「つまりどうすることが最善か」と自分で判断しなくてはならないのです。
「見方・考え方」を働かせた学びというのは，抽象化することを各教科の特性に応じて学ぶということです。そうした，授業の中でそのような学びを積み重ねることで学び方を学ぶとともに，世の中にある本物の課題への立ち向かい方を学ぶのです。

　算数科で考えたとき，その学び方は「統合的・発展的に考察し，抽象化すること」だと私は考えます。算数は内容の系統性や学習の連続性が明確であるという教科の特性があります。だからこそ，複数の内容を統合して抽象化したり，抽象化した内容を基に対象を広げて発展的に考察したりすることで，これまでの学びとこれからの学びを子ども自らつなげることができます。
　つながりが見えるということは抽象化しているということです。そして抽象化の過程は一人一人多様であり，子どものもつその子らしい思考が発揮されます。つまり本当の課題への自分らしい立ち向かい方を学ぶことこそ，算数科で学ばせたい学び方になります。

Mission

内容

　算数科は「統合的・発展的に考察し，抽象化していく」という学び方を学ぶことに価値があります。これは，算数科のビジョン（目標），つまり算数科で目指す子どもの姿であるといえるでしょう。
「その子らしく，自由に学ぶ」というパーパスを掲げることで，1時間1時間のねらいが細切れに切り離されるのではなく，教科の目標を軸としてつながりをもったものと意識することの必要性が見えてきます。教師が目標を大きくもつことで，子どもの自由度を認め，その子らしい学び方を認めることができるからです。

　このとき明確にしなければいけないのは，「統合的・発展的に考察し，抽象化していく」過程で，何を学ぶのかというミッション（内容）です。子どもが授業を通して習得する知識や技能は，より広い範囲で生きて働く知識や技能であってほしいと教師は願います。でも，どのような知識や技能が生きて働くのかを述べようとすると難しさを感じる方も少なくないと思います。

　私たちは、子どもが学ぶ内容をどのようにして明確にしていけばよいのでしょう。

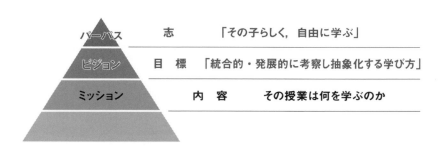

パーパス	志	「その子らしく，自由に学ぶ」
ビジョン	目　標	「統合的・発展的に考察し抽象化する学び方」
ミッション	内　容	その授業は何を学ぶのか

6 学ぶ内容を少なく捉える

1 指導内容を大きく少なく捉える

　教科書には，1時間ごとに扱う内容が載せられています。1学生のくり上がりのあるたし算を例にすると，教科書の指導計画は次のようになっています。

時間	主な学習活動
1	・バスの乗客数を求める場面を式に表す。 ・9＋4の計算のしかたをいろいろ考える。
2	・8＋3の計算のしかたをブロックを使ったり絵をかいたりして説明する。 　加数分解すればよいことがわかる。
3	・3＋9のような計算のしかたを考える。 　被加数分解の方法を知る。
4	・8＋6の計算のしかたをいろいろ考え，発表する。 　5と5を合わせて10をつくる方法があることを知る。
5	・5＋6の計算のしかたをいろいろ考え，発表する。
6	・絵を見て7＋8になる問題を，いろいろな場面を想像して作る。

学校図書（2020）「みんなとまなぶしょうがっこうさんすう1ねん」年間指導計画pp.24-26

　授業で扱う内容は，1時間1時間異なります。具体的な内容です。しかし，この内容を一つ一つ覚えていくような学びを繰り返していても，いつまでも抽象化できません。ビジョン（目標）とした「統合的・発展的に考察し，抽象化する学び方」を具体的な内容と一緒に抽象化された大きな内容を捉えておく必要があります。

　1学年のくり上がりのあるたし算を例にすると，「8＋3」や「3＋9」を正しく計算できることだけでなく，「10のまとまりをつくる」という大きな

内容を一緒に扱う必要があります。むしろ授業の中心にするのは，抽象化した内容の方が望ましいでしょう。なぜなら，この知識が他の場面でも生きて働く汎用的な知識だからです。

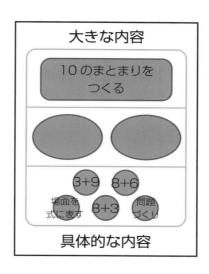

私は，授業の内容は，少なくもつことが大切だと考えます。

例えば，「3＋9」を考えるときに，数の小さい「3」を「1と2」に分けるという具体的な内容だけを見ていると，「9」を「7と2」に分けた子どもは目標を達成できていないということになります。しかし，「10のまとまりをつくる」と内容を捉えておけば，この子どもの考えも認め，抽象化させる学び方を身につけることができます。さらに，「3＋9」だけでなく「8＋3」も「8＋6」も結局は「10のまとまりをつくる」ということが学ぶ内容だとみれば，別々の内容を学んでいるのではなくいつも同じ内容を学んでいると捉えられるのです。

教師が目標を少なくもつことで，<u>子どもは統合的・発展的に考察し，抽象化するという学び方を学びながら，他の場面でも使える汎用性のある知識や技能を習得することできる</u>のです。何より，子ども自身，具体的な内容をたくさん覚えるのではなく，大事なことを少なく覚えておけばよいという意識に変わります。

2 教材を主語にして考える

「算数科はどこを目指すのか」という問いに対して，私は「統合的・発展的に考察し，抽象化するという学び方を学ぶこと」と説明してきました。

　この学び方を学ぶために，毎日の算数の時間があるのだと考えています。しかし，これでは目標が大きすぎて，1時間1時間の授業で実際に学んでいる内容とイメージが結びつきにくくなります。

　そこで，**教材を主語にして内容を考える**ことが必要になります。ここでいう教材とは，領域や単元等の同じ内容のまとまりをさします。この"同じ"と捉えられることが，内容を大きく捉えるポイントです。

「たし算は＿＿＿＿＿を学ぶ」　　「かけ算は＿＿＿＿＿を学ぶ」
「図形領域は＿＿＿＿＿を学ぶ」「データの活用領域は＿＿＿＿＿を学ぶ」

　例えばこのように，領域や単元のようなまとまりを主語にして，内容を考えるのです。そうすると，1時間で学習することは異なっていても単元で学んでいることは同じと捉えることができます。また，単元は異なっていても，同じ領域で学んでいることは同じと捉えることができます。こうして複数の内容を"同じ"と捉え，一貫した内容を繰り返し学んでいると捉えることが，内容を大きく捉えることになります。

　その大きな内容を捉えるには，今日の1時間だけではなく，その1時間を含む単元で一貫して学んでいる内容は何か，また前学年やこの後の学年など学年を超えても一貫して学んでいる内容は何かと，自分で考え判断することが大切です。この営みにゴールはありません。授業者の視野が広がれば，一貫していたと思っていた内容が変わることもあります。

　私は，パーパス（志）とビジョン（目標）の両方の視点をもって判断するとよいと考えます。パーパス（志）の視点とは，「目の前の子どもにとってどのような価値があるか」という視点です。子どもが違えば，内容の価値は変わります。ある学級では目標となったものが，別の学級では抽象的すぎて捉

えられない場合もあります。授業をする子どもの実態にあった内容を検討する必要があります。大切なことは，授業者がパーパス（志）を掲げて，判断することです。私は，「子どもがその子らしく，自由に学ぶ」ことをパーパスに掲げていますので，目の前の子どもが有しているその子らしい思考が発揮できる内容になっているか，という視点で検討するようにしています。

　ビジョン（目標）の視点とは，「算数科でどこを目指すのか」という視点です。授業者が，算数科の授業を通してどんな人になって欲しいのかという目指す子ども像があるはずです。私は，「統合的・発展的に考察し，抽象化する学び方」を身に付けること目指す子ども像にしていますので，具体と抽象どちらの内容も欠かすことができません。子どもが闇雲に抽象化するのではなく，抽象化した内容が，次の学びで生きて働くものになっているかという視点で，内容を吟味するようにしています。

　繰り返しになりますが，授業者が自分の志と目標をもって，自分で判断することが大切です。他人が決めたことをそのまま用いるのではなく，自分が心から大切にしたいこと（パーパス）を軸にして判断をするのです。

　内容を考えるとき，様々な資料も役立てることができます。

　坪田（2014）は1〜6年生まで一貫している内容について，「算数の基礎・基本」として整理しています。「基礎」を家を造るときの土台のようなもの，「基本」を高い塔を立てるとき下から上まで貫き通す芯になるような柱と考え，その貫く内容については次のように述べています。

表1：算数の基本

領域	
数と計算	十進位取り記数法の原理， 分けて計算して，後で合わせる。
量と測定	単位を決めて，そのいくつ分かで数値化する。
図形	概念の形成過程を体験する。
数量関係	きまり発見，変化や対応の見方， 表やグラフに表すこと，変域を意識すること。

引用：坪田耕三（2014）「算数科授業づくりの基礎・基本」東洋館出版社

４領域のときの整理ではありますが，大変参考になります。

例えば，測定領域の学習は「長さ」も「かさ」も「重さ」も「単位を決めてそのいくつ分かで数値化する」ことをいつも学習していることが分かります。逆に見れば，「単位を決めてそのいくつ分かで数値化する」という内容を，対象を変えながら「長さ」で学んだり「かさ」で学んだり「重さ」で学んだりしているといえます。これは，貫く芯となる柱を決め，その柱に肉付けしていくようなイメージとぴったりです。

教科書会社も内容の系統を整理した資料を作成しています。例えば，学校図書のホームページでは，「算数教科書早わかり系統表　領域編」として，領域ごとに一貫した学習内容を整理しています。整理の視点が異なりますが，坪田が整理した基本と重なりが見られる部分もあることが分かります。

表２：５つの領域の目標

領域	一貫した学習内容
数と計算	① 単位の学習（十進位取り記数法　計算処理方法　等） ② 比較の学習（集合　演算決定　相対的な大きさ　等） ③ 数える学習
図　形	① 異同弁別の学習（仲間分け　構成要素　定義　等） ② 作図の学習
測　定	① 単位の学習 ② 比較の学習（直接比較　間接比較　単位換算　等） ③ 測定の学習
変化と関係	① 関係を捉える学習（規則性　割合・倍　比例関係　等） ② 関係を表現する学習（式　説明　誘導単位　等）
データの活用	① 事象を整理する学習（種類別　表　グラフ　等） ② 特徴を捉える学習（傾向　平均値　最頻度　等）

出典：学校図書「算数教科書早わかり系統表　領域編」
https://www.gakuto.co.jp/docs/ps/sansu/pdf/R2s_sansu_predigree_chart_area3_ligh

このように整理されたものが正解ということではありません。しかし，まずは，このような整理をもとに実践を重ね，自分で教材を主語にした内容を捉え直していくとよいでしょう。

3 生きた知識と死んだ知識

　抽象的な内容と具体的な内容の最大の違いは，使えるか使えないかでしょう。具体的な内容ばかり学んでも，他の場面でも使えるようにはなりません。長さは測れるようになっても，その知識が重さを調べることには直接役立たないでしょう。

　しかし，「単位を決めてそのいくつ分かで数値化する」という抽象的な内容を理解できれば，それは重さの問題にも使えます。かさの問題にも使えます。日常生活でも，ある大きさを説明するときに「東京ドームの〇つ分」というように，単位を決めてそのいくつ分かで数値化することは使えます。つまり抽象的な内容は，具体的な内容に比べて圧倒的に汎用性が高いのです。

　認知心理学で知識について語るとき，「生きた知識と死んだ知識」という言い方をよくするそうです。死んだ知識とは，知っているけれども使えない知識です。頭で知っている記憶だけの知識では使えません。生きた知識とは，体で覚えた使える知識です。様々な場面で使うことで，もういちいち考えなくても使えるようになった知識が使える知識です。

「ならば生きた知識だけ覚えればいい」と考えてしまったら，これは結局覚えるだけになってしまいます。大切なのは，死んだ知識から生きた知識への進化のさせ方を知ることです。学習しながら学び方を学び，同時に生きて使える知識を増やしていくのです。

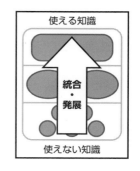

　つまり，「統合的・発展的に考察し，抽象化する学び方」を身につけることを目標としながら，生きて働く知識に進化させていくいうイメージで授業を構想するのです。

　育てたい子どもは，「10」教えれば，「10」覚える子どもではありません。「1」を知ることで，「10」も「100」も「1000」も自ら創り出すことができるような，たくましい子どもを育てていきたいのです。

Action

方法

　「子どもがその子らしく，自由に学ぶこと」をパーパス（志）として
掲げると，算数科のビジョン（目標）や授業のミッション（内容）が
大きな価値のあるものに変わることを述べてきました。「子ども」と
「教科・教材」の2つを主語にして授業をつくることで，どの子ども
も有している“その子らしさ”を発揮しながら，算数科で学ぶ内容を
深めていくこと実現する授業を目指すのです。

　ここからは「どのようにその授業を実現するか」というアクション
（方法）について説明します。
・その子らしさが発揮される状況をどのようにつくるか
・その子らしさをどのように見とるのか
・その子らしさをどのように授業に生かすか
　その子らしさは，そもそもその子どもが有しているものではありま
すが，教師が何もしなくても発揮されるものではありません。発揮し
やすい状況をつくり，発揮されているものを明らかにし，授業に生か
していくために，教師がすることを考える必要があります。

パーパス　　　　志　　　　「その子らしく，自由に学ぶ」

ビジョン　　　目　標　　「統合的・発展的に考察し抽象化する学び化」

ミッション　　　内　容　　　「単元，領域を通す中核的な内容」

アクション　　　　方　法　　　どのように実現するのか

7 その子らしさを奪うもの

1 らしさは自由の中に

「その子らしい学び」というのは，これまでに様々なことを経験し学んできた子どもが，その過程で身に付けてきた学び方の癖のようなものです。そのような癖が出せるのは，子どもが自由でいられるときです。

　自由という視点で見てみると，学校は子どもが自由でいにくい場所です。「学校」というだけで，子どもは周囲の大人から「学校では○○してはいけません」「学校に行ったらちゃんとしなさい」と伝えられています。独自のルール（校則など）を定めている学校もあるでしょう。学校全体で決められていなくても，1人1人の教員によって譲れないルールのようなものがある場合もあります。そういうことが重なり，子どもからすると，ルールだらけの中で生活しているのが学校です。

　遠足の目的地についたとき，先生が，「これから自由時間です。自由時間には守ってもらうことが5つあります。必ず守るように。1つ目は……」と話すことがあるでしょう。ルールがありすぎです。学校の中で使われている「自由」という言葉が，本来の意味で使われているのか，心配になるほどです。

2 自由を奪うのは揃えること

　自由が保障されたところでその子らしさが引き出されるとすると，その子らしさを奪うのは，自由が奪われた環境です。教育者であれば，子どもの自由を奪おうとしている方は少ないと思いますが，結果的に奪ってしまっていることがあります。それは，揃えることです。

　時間を揃える，服装を揃える，返事の声を揃える，手の挙げ方を揃える，座り方を揃える，並び方を揃える，説明の仕方を揃える，使う言葉を揃える　等。

　学校は揃えることばかりです。なぜ，学校はこんなにも揃えることが多い

のでしょう。それは，揃えることで，一斉に同じことを指導しやすくなるからでしょう。

　教科の授業でも，やはり揃えようとする指導は行われています。そして揃えることで，子どもにとって自由がなくなり，自分らしさが発揮できなくなっていることがあります。例えば，進度，方法，実態，教師の指導法など，その子らしさを阻害する「揃えること」について考えてみます。

（1）進度を揃える

　教師は，つい子どもに超えてはならぬラインを示したがります。例えば，授業中に子どもがICT端末を開くと「まだ触ってはいけません」，配布した資料を見ようとすると「まだ見てはいけません」，問題解決中に近くの友達に相談しようとすると「今は話してはいけません」などです。

　子どもは今見たいんです，今話したいんです。でも，そこは超えてはならぬとラインを引き，後で教師が許可したら次へ進んでよいとしてしまうのです。こうした"進度を揃える"という行為によって，<u>子どもは指示を受けなければ動いてはいけないということを学んでしまいます。</u>

（2）方法を揃える

　方法を揃えることも様々な場面で行われています。例えば，計算の方法を説明させるときに，
「『はじめに』『次に』『最後に』の言葉を使って説明しましょう」と揃えて指示する授業があります。こうすると，指定された言葉を使うことが優先され，本来有しているその子らしい説明の仕方ができなくなります。「次に……」「最後に……」「最後の次に……」などおかしな日本語をみかけることもありました。

　言葉を指定していない子どもの説明は，内容が優先されています。聞いている人に内容が伝わっているかに意識が向き，反応を見て説明を言い換えたり確認したりもします。ちなみに，順序が話題になる説明であれば，指定しなくても子どもは自然と「まず」「次に」という言葉は使います。

　説明の仕方だけではありません。

・ノートにするのか，タブレットにするのか

・1人で考えるのか，ペアで考えるのか，グループで考えるのか

　このように学習用具や学習形態等も，揃える前提で話題にされます。大切なことは**目標に近づくためにその方法が必要か，そして学習者が選択できているか**ということでしょう。つまり，ここでも「教材を主語」にする視点と「子どもを主語」にする視点が重要になってくるわけです。

（3）話し合い方を揃える

　グループなどの話し合いの場面になると指示が細かく出されることがあります。話す順番，話の聞き方，質問のタイミング，反応の仕方，まとめ方……。まず覚えられないだろうというくらいたくさん。大人の話し合いもそうですが，人は話し合い方を揃えられてしまうと，内容よりもその手順に当てはめることを優先してしまいます。結果，手順通りこなすことで，話し合いが終わったと思ってしまうのです。

　大人も難しい決断を迫られたとき，様々な想定を出し合ったり，確かな情報を集めたりして「もしこうなったら」「例えばこうしてみると」などと仮説的に意見を出し合い納得できる判断を探すでしょう。そして，分からないことはその場で質問したり他者の見解を求めたりしてより良い判断をしようとするでしょう。

　話し合い方だけでなく，話し合いの目的も大きく影響しています。例えば，「グループで1つの考えに決める」のような，集団の成果物を完成させることを話し合いの目的にすると，子どもの忖度や同調という意識は強くなる傾向があります。一方「自分の考えをつくる，よりよくする」という個人の成果物の完成を話し合いの目的とすると，自分の考えをよりよくしていくために，自分にない他者の考えを欲したり関係付けたりしながら話し合う様子が見られるようになりました。

　新潟大学附属新潟小学校初等教育研究会（2020）では，各教科等の授業において子どもの対話の様子を分析し，その様相を次のようにまとめました。

発表的な対話と探索的な対話

場面	発表的な対話	探索的な対話
共有 話す	○話す内容を事前にまとめて用意 ○まとめたものをその通り話す	○拙くても，自分の言葉で考え ながら話す ○相手の反応を見て，言い直す
共有 聞く	○黙って最後まで聞く ○しっかりメモをとる	○気になったらすぐ質問する ○自分の言葉で再現する
解決	○分かったことを「まとめて」発表 準備をする ○話し合い方（進行，話し方，まとめ方 等）主体 ○集団の成果物完成を目標とする	○分かったことを「使って」考 える ○内容に関する呟き主体 ○自分の考えを創ることを目標 とする

参考：令和２年度 新潟大学附属新潟小学校初等教育会 研究紀要

　<u>学習内容を深めるのは探索的な対話が行われているときであり，方法を揃</u><u>えたときは発表的な対話になりやすく，揃えないときは探索的な対話になり</u><u>やすい</u>ことも見えてきました。

（4）教師の指導法を揃える

　各自治体で作られる「授業づくりハンドブック」，各学校で作られる「○○小スタンダード」のように，教師の指導法を揃える取組もあります。

　　・授業開始５分で課題を書きましょう，赤色で囲みましょう

　　・終わりにはまとめを書きましょう

　　・まとめの後の振り返りの書き方はこうしましょう

　このように細かく授業展開を決めることで，ある一定の水準の授業をどの教師にも担保しようとする取組であることは理解できます。しかし，自治体からのいきすぎた指導や教師の過剰な受けとめによって，「このように授業をせねばならぬ」となってしまっては本末転倒です。

　また，定期的に行われる学年会。おそらく，学年経営方針のもと，今後の指導計画を検討したり共有したりしているのだと思います。これは多様なアイデアを出し合って，共有していくことに価値があります。しかし，各学級が揃っていないと，不平等になる。子どもも不平等を感じる」という理由から指導法を１つに決め，どの学級もその通りやることを求められることもあ

るようです。

　ここにも，同じであることがよいという価値観が見え隠れします。

　子どもに"その子らしい"学び方があり，それが各学級の学び方をつくっていることは述べてきました。<u>教師にも"その先生らしさ"があります。</u>その中で，どの教師もどの学級も同じような指導計画で臨むというのは，無理があることです。これは，その教師らしさをも奪っていることになり，「1人1人が異なる得意なことをもっていることで，集団全体の機能を上げていく」という考えから見ると，学校の機能を下げているともいえます。

3 子どもらしさに必要な自由

　このように，様々な事例を見てみると，内容，方法，指導法など，教師が揃えようとすることで，子どもが自分らしさを出しにくくなっていることがわかります。

　揃えることが全ていけないと言っているのではありません。揃えることが有効な場面もあるでしょう。でも，今学校現場で揃えられていることが本当に必要なのかと疑ってみることは大切なことだと思います。最も問題なのは，教師が揃えることを重視するがあまり，子どもが揃っていることに価値があると感じてしまい，みんな同じになることが目標になってしまうことです。

　苫野（2019）は，日本で公教育が始まってから150年，学校教育は「みんなで同じことを，同じペースで，同質性の高い学級の中で，教科ごとの出来合いの答えを，子どもたちに一斉に勉強させる」というシステムによって，ずっと変わらず運営され続けてきていることを指摘しています。その上で，そのシステムが学校で起こる全ての問題の根底にある共通の本質となっており，いたるところで限界を迎えていると述べています。

　そもそも多様である子どもが，その子らしさを発揮するためには，自分が他と違うこと認められる状況と，他者が自分と違うことを認められる状況が必要です。つまり，自分が自由であることと同時に，他者が自由であることも認めるということです。

　自由であることは，子どもの欲求を第一に外的な運動の自由を認めることではありません。これは子どもが衝動のまま行動しているに過ぎません。傍

若無人の振る舞いは，子どもの自分勝手であり重要な自由ではありません。
　デューイ（2004）は，自由について次のように述べています。

永遠に重要である唯一の自由は知性の自由であり，すなわち本来的に価値
が備わっている目的のために観察や判断がなされる自由である。自由につ
いてもっともありきたりの誤りは，私が思うには，自由を運動する自由と
あるいは外的な身体的な活動の自由とを同一視することである。
　　　　　ジョン・デューイ（2004）「経験と教育」講談社学術文庫p.97

　つまり自由とは，知性を働かせることのできる自由であり，それによって
外的な統制から自由になることです。例えば，目的を設定する自由，観察し
判断する自由，目的の実現に向けて手段を選択し調整する自由などの，思考
することの自由を意味しています。

8 その子らしさの捉え方

1「子ども」と「子どもたち」

「今日のクラスの子どもたちの服の色をどのくらい答えられますか」

　授業を一緒にしていれば，おそらく一度は視界に入っているはずです。全員はさすがに数が多すぎますね。では，一番前の列の子ども数名なら言えるでしょうか。それでも難しさを感じる方が多いのではないでしょうか。

　何が言いたいかというと，人は目に見えているからといって，それを全て認識できるわけではないということです。何かしらの目的をもって見ようとしなければ認識できないのです。

「その子らしさ」も同じです。子どもは日々色々なところで，その子らしさを発揮しています。子どもが発揮しようと自覚しなくても，癖のようなものなので無自覚に発揮しているのです。しかし，それを捉えることは相当意識しないと見えません。子どもがもっているその子らしさは，見えるようでなかなか見えないものです。

　教師は，学級の子どもを，"子どもたち"という一括りの集団として見てしまいがちです。「みんな違ってみんないい」「個性を大切に」といいながら，特に授業になると1人1人の"子ども"ではなく，一括りにした"子どもたち"という集団として見てしまうのです。

　大西（1987）は，授業中の教師の視線について，「全体の子どもの顔の上を流れ動いている視線」ではなく「1人1人の表情や身体的応答から心の動きを掴むことが大切」と述べています。

「みんな違ってみんないい」は「何をしていてもなんでもいい集団」とは違います。1人1人の"らしさ"を認識し，そこにある違いをよさと捉えられることです。"子どもたち"という集団を一括りと見るのではなく，むしろ，個人にフォーカスして捉えていくことが必要です。

2 子どもを動かし，「その子らしさ」を捉える

　子どもの"らしさ"は，子どもが自ら動いたときに表出するものです。自ら動くというのは，前述したとおり「自ら知性を働かせること」でしょう。自由を保障し問題解決の過程で働くその子らしさを，行動，発言，記述等の目に見えるものにアウトプットさせることが必要です。

　しかし，前述したように，ただ見えるようにしてもその子らしさを捉えることは難しいものです。そこで，私が捉えるために意識していることをいくつか紹介します。

（1）些細な違いを捉える

　同じものを見ても，同じ活動をしていても，同じ問題に取り組んでも，人はそれぞれ違う見え方，違う参加の仕方，違う考え方をするものです。しかし，集団でいるとその違いがなかなか表出しません。立場の強い人への忖度，周囲への同調等の意識が働くのでしょう。

　それでも，その子のもつその子らしい学び方は，些細な違いとして表れるときがあります。教師は，その違いに目を向けていくことが大切です。

　例えば，2年生とかけ算の学習をしていると「3×1＝3，3×2＝6，3×3＝9…」と式が並んだところを見て「答えが3ずつ増えている！」と発言する子どもがいます。この発言を取り上げ，他の子どもに同じことを表現させると，同じことを言っているつもりでも些細な違いが表れます。
「6－3＝3，9－6＝3と3ずつ増えている」
「答えが3ずつ増えるのが，ずっと続く」
「かけられる数の3ずつ増えている」
　同じ「3ずつ増える」ということでも，その子どもが解釈していることは違います。その解釈の違いは，＿＿＿のような些細な表現の違いに表れるのです。

（2）「正解」の前に「人に伝える」ことを重視する

　算数の時間にアウトプットさせる場面を考えると，その多くは解決方法を表現させるものでしょう。
「どのように解決したらよいでしょう。自分の考えを書きましょう」

「問題に対する式と答えを書きましょう」

　問題解決の目的は正しい解を求めることですから，これは当たり前のことかもしれません。

　しかし一方で，日々正解が求められるばかりに，正しいことしか表現できないという状況に追い込まれている子どもも少なくありません。授業中に自分の考えをかけない子ども，各種調査の無答率の高さなどは，その表れともいえるでしょう。この正解の圧力から子どもを解放する必要があります。

　そこで，「正解」の前に「人に伝える」ということを重視します。当たり前のことかもしれませんが，子どもはなかなか意識できていません。具体的には，問題解決の時間を取った後で，次のように問います。

「頭の中を巻き戻すよ。この問題を見てから自分が考えたことやしたことを頭の中で再生します。（間をとる）今，再生されたところまでを，全て先生に伝わるように書いて教えてね」

　慣れてきたら，「○○について先生に伝わるように書いて教えてね」でよいと思います。とにかく，見えるようにしてそれを人に伝わるように表現することを目的にします。このとき，答えが出ていなくても解決の途中まででも構わないことを確認します。

　大切なことは評価も，「正解した（してない）」ではなく，「伝わる（伝わらない）」という基準で価値付けて返すことです。ときに，「よく伝わらない」とコメントして返すこともあります。子どもは表現の仕方を修正することで自分らしい伝え方を見つけていきます。こうして相手に伝わるということを表現の目的とすることを徹底します。

　思考と表現は表裏一体。その子らしい考え方は，「伝える」という目的意識と自由な表現の場があって見えるようになるのです。

3 記録・蓄積によって "らしさ" を捉える

　授業中，問題解決の過程で子どもは様々な学び方を表出させます。しかし，言語として表出されたその子らしい学び方はすぐに消えていってしまいます。

子ども自身に見えるように記録し，蓄積していくことで，その子らしさを捉えることができます。

（1）掲示で蓄積，繰り返し活用

　私は，授業中に表出する子どもの学び方を価値付け，一つ一つ短い言葉にして掲示しています（拙著「算数教科書のわかる教え方」学芸みらい社）。

写真1：掲示している子どもらしい思考の言葉

　これらは教師から提示するのではなく，授業中に子どもから表出したときに取り上げて提示します。

　　例①　異分母の分数の大小比較をしているとき。
　　「前に $\frac{1}{2}$ と $\frac{2}{4}$ と $\frac{3}{6}$ は同じ大きさって勉強したじゃん。それをイカして分数を変身させればいいんだよ」
　　「今，イカが泳いできたね。イカが泳いてくると，これまでの学びがつながるね」
　　例②　面積の学習をしているとき。
　　「1cm^{2}のマスを数えなくても，縦の辺と横の辺をかけて面積も求められる。これってどんな図形でもつカエルじゃん」
　　「あ，カエルが泳いできたね。カエルが泳いでくると，方法が役立つ場面が分かるね」

このように，子どもが使っていた言葉を価値づけ，一つ一つ掲示する言葉を増やしていったものです。ある程度集まってくると，子どもから，「今，同じようニが出た。新しいね」「あ，ヒラメが泳いだ。ヒラメいた」など，クラスで出された思考に新しい名前をつけたり，

「また，イカが泳いだね。算数ってイカすことがたくさんありますね」

　などと，既に見つけた言葉を再認識したりするようになります。

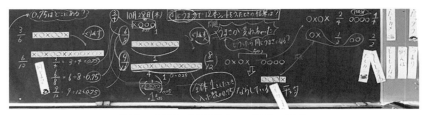

写真2:授業で再認識される思考の言葉

　このような取組を続けていると，子どもによってよく使う言葉が違うことが見えてきます。

「○○さんは，だッタラをよく使う」

「全てたしカメるといったら○○さんだよね」

　得意な考え方も不得意な考え方も，1人1人違います。よく使っている言葉を基にその子どもの思考を観察することで，その子らしさを把握することができます。そして，1人1人のその子らしい考え方が生かせるように，授業を構想したり展開したりすることができるようになります。

　育てたい力は子どもに内在しています。しかし，子どもはその力に無自覚で，問題解決に取り組む過程で知らず知らずのうちに発揮します。しかも，子どもによって発揮する力は異なります。<u>こうした思考を言語化して見えるようにし，共有していくことで，互いの思考の癖を理解するとともに，自分たちの学びの文化を作っていくことにも参加しているのです。</u>

（2）個人の学び方の事実を蓄積する

　テストやノートなど，個人の成果物はファイルや写真にして保存します。私は子どもの人数分フォルダをつくって保存していましたが，現在は子どもの

端末を利用し，自分の端末からクラウド上に保存しています。見えてくるのは，子どもの学び方の癖のようなものが表出しやすいのは，解決まで至らなかったときの道半ばの状態や，誤った問題解決です。教師は，子どもの成果物を見ながら，解決に向けた一歩目をどのように踏み出したり一度取り組んだもの修正したりしたのか，その子どもの試行錯誤を解釈します。また，誤りを見つけた場合はその子どもがどのような分かり方をしていてその結論にいたったのかを解釈します。

　このように考えると，子どもがどのように表現するかも大切ですが，その表現から教師がどのように解釈するかも重要なポイントになることがわかります。教師が，1人1人の学び方の発見を楽しむように，成果物を捉え，蓄積していくと良いでしょう。教室や職員室でニヤニヤと子どものノートを見ている私を見て，子どもや同僚から不思議な目で見られることも多々あります。周りが関心をもったときは，この個らしさを広めるチャンスです。

「いやあ，こんなふうに考えるの面白いなあって。○○さんらしいよね」
　このように周りの人に話しかけます。すると，「○○さんって他の場面でも，こんなふうに考えていたよ」と，情報が集まってきます。
　また，活動の中で子どもが見せる姿は，写真や動画で撮影をし，これも個人のフォルダに蓄積します。例えば，他者に図を指し示しながら説明していたり，活動に没頭して取り組んでいたりする場面です。その動きの中から，その子らしいの学び方を解釈していきます。
　蓄積したものは，1ヶ月に一回，学期に一回など，ある程度事実が集まったところで，本人と一緒に見直します。写真やノートを見ながら，
「ああこんなことあった。このときは驚かされたよ」
「あなたのこの発想で，みんなが考え直すきっかけになったよね」のようにおしゃべりします。アルバム写真を振り返りながら思い出を話すように，発揮していたその子らしい学び方を共有するのです。こうして，自分らしさを，自分の強みを自覚していくことを促していきます。

4 自分以外の視点でらしさを捉える

　その子らしい学び方というのは，1人が1つずつ有しているわけでありません。1人の中にも多様にありますし，状況に応じて働かせる学び方は異なります。もし，教師が自分1人だけでその子らしさを捉えようとしていると，限られた一面しか捉えられていないかもしれません。多様な視点で1人の子どもを見つめていく必要があるでしょう。このとき，もちろん教師は1人で色々な見方をしていけばよいのですが，私にはなかなか難しいので，他者の視点を活用するようにしています。

（1）同僚の視点
　例えば，授業が終わり職員室に戻ってきたときに，
「○○さんが1つ解決が終わったら『だったら△△のときもできるかも』って考えることを広げていくんですよ。すごい学び方ですよね」
と同僚に話しかけてみます。こうして，自分の視点を通して見えている子どもの事実を伝えるのです。

「あ，わかります。私の授業でも同じように……なことがありました」
と返してくださったら，他の場面でも同じ "その子らしさ" が発揮されていることがわかります。

「へえ，意外です。その子って……な感じの子どもだと思っていました」
と返してくださったら，他の場面では異なるその子らしさが発揮されていることがわかります。
　話題にしたときに，すぐにこのようなやりとりが生まれなくてよいのです。自分の捉え方を伝えておくことで，同僚の先生はその捉え方を持ってその子どもを見るようになります。このような見え方や解釈を共有していくことで，同じ子どもを，その子らしさを捉えていくことができます。

（2）子どもの視点・保護者の視点

　同僚に話すのと同じように，教室でも子どもと学び方の話をします。

　例えば右のようなノートの事実を見ながら，
「○○さんのノートこんなに式が書いてある。2の段を続けていけば，『2×何十』だってできることを順番に全部確かめるって，すごい学び方だよね」
というようにおしゃべりします。子どもは
「そういえば，○○さんってたし算のきまりを探すときも全部書いて確かめていたよ」
「全部やってみるって○○さんの得意技だよね」
というように，共感したり他の場面を振り返ったりします。

2の段の追求

　このように子どもと話題にすることで，教師が結果だけでなく「学び方」に注目していることを伝えることができます。そして子どもも，友達や自分の「学び方」を意識し始めます。さらに，「学び方」は人によって様々であり，多様であることを自覚することが期待できます。

（3）保護者の視点

　学校と家庭では表出する学び方が違うことがあります。懇談会等，直接お話しできる機会に蓄積していた子どもの写真を見せながら，同じようにその子らしい学び方を紹介します。同じ事実でも違う解釈をされたり，家庭での違った一面が話題になったりするでしょう。

　このように自分以外の他者（同僚，子ども，保護者）の視点を活用するときに共通することは，事実を示してその解釈を伝えることです。そして，他者の解釈を集めるのです。つまり，<u>授業者が子どものその子らしさを決めつけず，常に多様な視点でその子どもを捉えようとする心構えが重要になります。</u>

9「らしさ」で変わる授業

「子どもはそもそもその子らしく学ぶ」ということを前提に授業を考えると，同じ指導計画で授業をしても，授業の展開が変わることを当たり前に感じられます。むしろ，同じ展開になったときに違和感を感じるようになります。「自分が子どもを都合の良いように引っ張りすぎているのではないか」と。

---

4 本時について（1時間目/全2時間）

（1）ねらい

商品を同じように値上げする方法を追求する中で，比べ方には「差」と「倍」の2つの方法があることを見いだすことができる。

（2）展開

●主な学習活動	●指導上の留意点
1 問題を理解し課題を設定する 国語辞典：1000円　ふで箱：500円　コンパス：300円 三角定規：200円　ノート：100円　消しゴム：50円 えんぴつ：20円	T　全品同じように値上げをします。 ● 黒板に商品を全て提示する。 ● 200円の三角定規を300円に値上げし，順に値段の低いものを話題にしていく。
・100円値上げしているから，ノートは200円かな。 ・100円ずつ値上げすれば，同じような値上げと言える。 ・でも，消しゴムやえんぴつはちょっと高すぎる。	T　ノート（消しゴム，えんぴつ）はいくらに値上げしますか。 ● 徐々に元値を下げていき，子供が差の比べ方にもつ違和感を引き出す。
・ノートは100円から200円に2倍になっているけど，消しゴムは50円から150円に3倍になっている。 ・100円増やす考え方は同じだけど，倍の考え方だと同じとは言えない。 　**どうしたら同じような値上げになるかな**	T　どうして消しゴム（えんぴつ）の値上げは高すぎると感じるのでしょう。 ● 違和感の理由を問い返して言語化させ，「倍の比較」を引き出す。
2 差ではなく倍の考え方で同じような値上げを考え直す。 ・私だったら，ノート（100→200）に揃える。2倍するということだから，三角定規は200円から400円。消しゴムは50円から100円に値上げをします。 ・ぼくだったら，三角定規は600円，ノートは300円，消しゴムは150円。 ・これは全部3倍にしているということだ。同じ値上げだ。 ・三角定規のように200円を300円に値上げすると，他の商品はいくらにしたらいいのかな。	T　あなたがお店の店長なら，商品の値上げをどのように変えますか。 ● なぜ同じ値上げと言えるかを問い返し，もとの値段が違っても，○倍は同じであることを確認する。 ● 「差の比較」に違和感がでた場面を，「倍の比較」で見直させる。
3 1.5倍の値上げの仕方について考える。 ・200円が300円だから，1.5倍じゃないかな。 ・つまり，200が1つと後半分ってこと。 ・200÷2して100だから，200＋100＝300。 ・同じように，100も100÷2＝50 100＋50で150になる ・いつも，もとの値段にもとの値段の半分を足している。	T　200円から300円の三角定規の値上げに合わせると，他の商品はいくらに値上げすればよいかな。 ● 「差の比較」を明示し，同じ値上げになっていないことを強調する。
・2倍はつまり，もとの値段に，もとの値段を足していることですね。 ・3倍は，もとの値段に，もとの値段の2倍を足すことだ。 ・だから，たす金額が違っていたんだな。	● 時間があれば，2倍や3倍の値上げの差も，「倍の比較」で見直させる。

第4学年「簡単な割合」学習指導計画　作成：志田

1 同じ指導計画で授業をしてみると

　ここ数年，自分が担任している学級だけでなく，複数の学級で算数の授業をさせてもらっています。このような機会を得ると，指導計画や教師は同じでも，学級が異なれば子どもの追究は変わることを実感します。同じ指導計画で行った4年「簡単な割合」の授業を紹介します。

[本時の展開1]　課題提示
「お店屋さんで売っている商品です」と言って，商品を一つずつ貼っていきます。数字は値段を表していることを確認します。高い，安いなど，子どもは自分の経験で，問題場面を捉えます。

　ここで次のように問います。

「全品同じように値上げすることにしました。例えば，200円の三角定規は300円に値上げすることとします。すると，100円のノートはいくらにすればよいですか？」

　1組では，多くの子どもが200円だと発言し，みんなが賛同しました。そこで「どうして200円だと思うか」とその根拠を尋ねました。
「200円が300円になったということは，100円値上げしたことになる」と問題場面を理解していきました。

　2組では「全部300円にするんじゃないの？」と質問する子どもがいました。この発言に対しては，他の子どもが，「それじゃあ1000円の辞書は300円に安くなっちゃう」と修正しました。「三角定規は100円値上げしたんだから，ノートも100円値上げして200円じゃないの？」
「同じように値上げってそういうことか」と問題場面を理解していきました。

[本時の展開２]　焦点化

　問題場面を理解したところで，他の商品にも
話題を広げていきます。「100円値上げしている」
という "差の見方" だけでなく「２倍値上げし
ている」という "倍の見方" に問題を焦点化し
ていくためです。

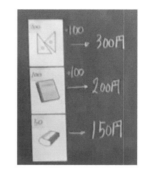

「"同じように" 値上げをすると，50円の消しゴ
ムはいくらになるでしょう」

　１組では50円を150円に値上げする考えが出されますが，すぐに「それは
高すぎる」と指摘されました。
「どうして高すぎると感じるのか」
　とその根拠を問い返すと，
「200円が300円になるのは２倍にもなっていないけど，50円が150円は３倍
になっている。だから高く感じる」と，倍の見方を話題にしていきました。

　２組ではこの教師の問い掛けに，子どもは全員が「150円」と答えました。
理由も「これまでも100円値上げしているから」と，これまでの思考を適用
させようという考えでみんなが納得していました
　ここで無理やり教師が "倍の見方" を促すのは，子どもの文脈とは異なる
文脈を提示することになってしまいます。
　そこで，「じゃあ20円の消しゴムだったら」と
さらに値段が安い商品を話題にします。子ども
は20円なら120円になると予想しますが，鉛筆
120円は高すぎるという指摘も一緒に出てきます。
「６倍は高すぎる」と。
　こうして，どちらのクラスでも "倍の見方"
が引き出され，100円ずつ値上げしても，○倍は変わっていると問題を焦点
化していきました。

[本時の展開3] 練り上げ

「○倍という見方で見ると，この3つ（ノート，消しゴム，鉛筆）は，いくらに値上げすれば"同じような値上げ"になるかな」

子どもに自分の考えをノートに書く時間をとり，考えを聞き合います。

1組ではノートを50円から60円に値上げするアイディアが話題になりました。根拠は，「三角定規は200円から300円で2倍にもなっていないから，2倍にならないように60円にする」というものでした。

これも，値上げを"倍の見方"で考えていることには変わりません。

しかし，「気持ちは分かるけど，同じ値上げに見えない」「ノートが2倍になっているから全部2倍にしたらいい」と○倍を揃えるアイディアが出ます。さらに続きます。

「だったら10倍でもいいんじゃない」

「三角定規は200円から2000円になった。高すぎ！」今度は三角定規の値上げが高すぎると話題になります。

2組では，鉛筆を20円から60円する考えが出ました。20円が120円に値上げされると考えたときに，「高くなりすぎる」という問題意識をもった子どもは，自分の生活経験をもとにした感覚で，一般的な値段設定を考えます。

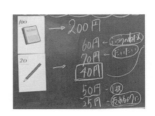

しかし，これはまた"倍の見方"では揃っていないことが指摘され，値段が修正されます。ノートのように全部2倍に揃えれば，消しゴムは50円から100円，鉛筆は20円から40円であれば，"同じような値上げ"になるのではと考えていきました。

［本時の展開4］ まとめ

　焦点化した問題に立ち返って，次のように問いました。
「"同じように値上げ"をすることについて考えてきたけど，結局どうしたら
"同じように値上げ"したことになるかな」

　1組では"同じように値上げ"に複数の捉えがあることが話題になりました。
「いつも『＋〇円』で揃えるときと，『×〇（〇倍）』で揃えるときがある」
　このように多面的に問題場面を捉え，"同じように"をどの視点で捉えるか
によって，値上げの仕方も変わってくるとまとめていきました。
　その上で，「＋100円」で揃えると，値段が低いものがものすごく高くなる
ように見え，逆に「×何倍」で揃えると値段が高いものがすごく高くなるよ
うに見えることを発見して面白がっていました。
　倍と差で値上げすることを理解するとともに，それぞれの値上げで生じる
見え方まで捉えることができました。

　2組では，100円のノートが200円に値上げするのは，値段を2倍にしてい
ることだから，他の商品も2倍に揃えて値上げすれば，同じような値上げに
なるとまとめました。20円の鉛筆は40円にすることが同じだと全員が納得し
たのです。
　差の見方が間違っていて倍の見方が正しいとは認識してもらいたくなかっ
たので，私から「鉛筆を20円から120円にするのは同じような値上げではな
いということ？」と尋ねました。
　子どもは，それも＋100円の値上げと見れば同じような値上げと言えるこ
とを理解した上で，「20円を120円にするのは高すぎるから，自分なら2倍値
上げに揃える」と判断をしていました。
　こうして，倍で値上げすることと，差で値上げすることの両方があること
を理解しました。

［本時の展開５］　発展

　一通りの解決を得たところで，子どもたちに次のように問いました。
「だったら，この後は何について考えたい」
　自分たちで問題を発展的に考えさせるためです。

　１組では「三角定規って200円を300円に値上げしていた。これは何倍なの？」と，２倍にもなっていない表現を考えようとし始める子どもがいました。
「200円が300円だから，２倍にもなっていない。
半分だけ上がっているから，"半分倍"だ」と，
新しい表現を創り出す子どももいて，子どもの
逞しさを感じます。この半分倍を共有すること
で，

「もとの数にもとの数の半分をたしている」
「100円なら100＋（100の半分）。50円なら，50
＋（50の半分）。1.5倍だね」
「お財布に優しい値上げですね」と２倍に満た
ない倍を捉えていました。

　２組では，「だったら他の商品はいくらにしたらいいの？」と，まだ値上げした値段を設定していない商品について考え始めました。
「だったら，500円の筆入れを同じように２倍値上げすると1000円になる」
「1000円の辞書は２倍にすると2000円だ」
　こうして対象を広げ２倍で同じように値上げす
ることを確認していきます。

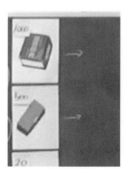

「なんか，高いものを２倍すると，ものすごく高
くなったような気がする。20円が40円のときに比
べて」
"２倍"で揃えることで，同じように値上げする
ことは分かっても，実際の金額を差で見ると高い
ことにも気付いていきました。

2 らしさが問題解決の道筋となる

　二つの授業を並べてみると，授業の展開は子どもの思考によって異なることが分かります。それぞれの場面で発揮しているその子らしさが，ある状況を生み出し，その状況に合わせてまたその子らしさが発揮されます。つまり，教師も含めたその集団の選択と判断の結果によって授業の展開が決まっていくのです。

1組

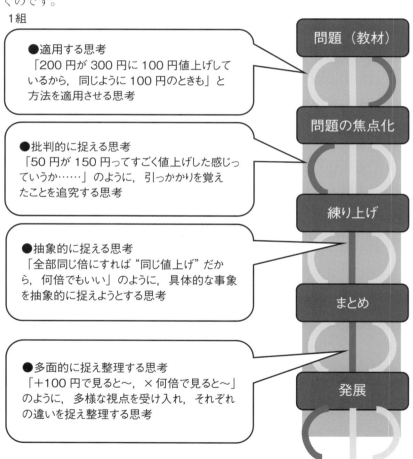

●適用する思考
「200円が300円に100円値上げしているから，同じように100円のときも」と方法を適用させる思考

●批判的に捉える思考
「50円が150円ってすごく値上げした感じっていうか……」のように，引っかかりを覚えたことを追究する思考

●抽象的に捉える思考
「全部同じ倍にすれば"同じ値上げ"だから，何倍でもいい」のように，具体的な事象を抽象的に捉えようとする思考

●多面的に捉え整理する思考
「＋100円で見ると〜，×何倍で見ると〜」のように，多様な視点を受け入れ，それぞれの違いを捉え整理する思考

問題（教材）

問題の焦点化

練り上げ

まとめ

発展

このような選択と判断に子どもが参加できていることが重要です。複数ある道から，<u>子どもと教師で進む道を選択した結果が，その学級ごとの授業の足跡となり，問題解決の道筋となるのです</u>。要所となる場面で分岐を繰り返しながら，異なる問題解決の道筋が創り上げられていく感覚です。

下に示したのは，先ほど紹介した授業の1組と2組の問題解決の道筋です。子どもの思考によって分岐が繰り返されているイメージがもてるでしょう。

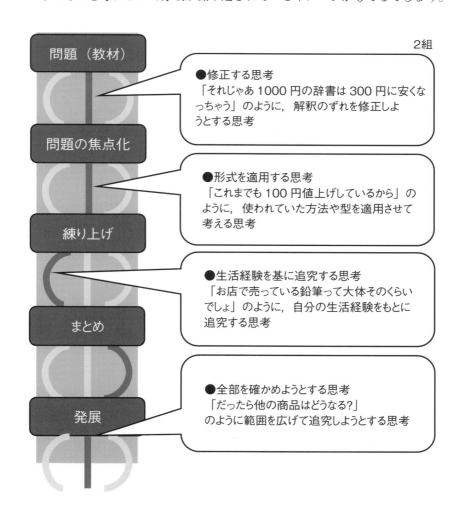

2組

問題（教材）

●修正する思考
「それじゃあ1000円の辞書は300円に安くなっちゃう」のように，解釈のずれを修正しようとする思考

問題の焦点化

●形式を適用する思考
「これまでも100円値上げしているから」のように，使われていた方法や型を適用させて考える思考

練り上げ

●生活経験を基に追究する思考
「お店で売っている鉛筆って大体そのくらいでしょ」のように，自分の生活経験をもとに追究する思考

まとめ

●全部を確かめようとする思考
「だったら他の商品はどうなる?」のように範囲を広げて追究しようとする思考

発展

10 授業を動かす子どもの思考

1 子どもらしい学び方　7つのタイプ

　これまで行ってきた授業を振り返り，授業を動かしている子どもの思考を洗い出し，まとめました。ダジャレになっているのは子どもがつくり，子どもと共有してきたそのもので，教室掲示にもなっているものです。

批判思考　「～じゃないカモ」

既有の経験と新しく出会った問題の解決に違和感をもったときに子どもに働く批判的な思考です。違和感を放っておかず，根拠を明らかにして調整しようとします。

適用思考　「同じよウニ」

認識や思考を同じ形のまま用いようとする子どもの思考です。成功経験や友達の考えをなるべく形式を変えずに用いようとします。

整理思考　「Aのトキは～～，Bのトキは～～」

問題場面を整理して，問題場面ごとに拠り所とする認識や思考を明らかにしていこうとする子どもの思考です。整理されるので比較や重み付けのような思考が働きます。

汎用思考 「イカす」

ある場面で役立った考え方を，他の場面でも生かして考察しようとする子どもの思考です。「あのときと同じ」と考察したり「だったらこのときも」と場面を広げたりして考えようとします。

置換思考 「おきカエルと」

複雑な場面に出会うと，考えやすいように簡単な場面やイメージしやすい場面に置き換えて考える子どもの思考です。例え上手は説明上手。理解しやすく置き換えて考えようとします。

堅実思考 「全てたしカメる」

考えられるケースを，1つ1つ順に考え，丁寧に結果を得ようとする子どもの思考です。オチやズレがないように確かめることで，新たに確かにしなければいけない問題発見にもつなげます。

創造思考 「ヒラメいた」

新たな場面に出会った時，その問題に合わせて新たな知識や技能を創ろうとする子どもの思考です。これまでの認識では説明ができないときに，新しいアイディアや概念を持ち込もうとします。

2 子どもらしさは，算数科の学び方につながる

　それぞれの思考タイプは，どれも算数の学び方につながっています。統合的・発展的に考察し，具体的事象を抽象的事象に進化させていく過程で，それぞれの思考が働いています。

　１人１人が「統合的・発展的に考察しながら具体的な内容を抽象的な内容に進化させていく学び方を学ぶこと」は目指すところです。
　しかし，みんながそのような学び方をすぐに身につけられるわけではありません。授業はむしろ，そのような学び方を理想としながら，<u>今１人１人がもっている学び方を結集して，チームで理想的な学び方を経験していく場だと捉えます</u>。
　それぞれがそれぞれの得意なことを発揮することで，みんなでよい学び方を経験するのです。そうして経験を重ねながら，自分の強みを生かしつつ自分にない学び方にも触れ，しっかりと学び方を身につけていくことができるのだと考えます。

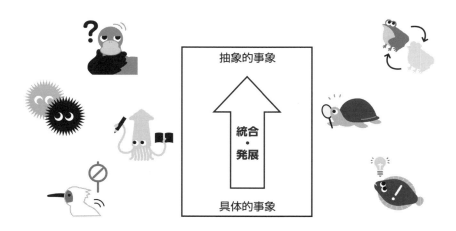

適用思考はある程度抽象度を上げた認識と，別の
具体的事象を関係付ける思考といえます。

適用思考

　例えば，４年生で複合図形の面積の求め方を考え
るとき，縦に二つの長方形に分けた方法を見て，「じ
ゃあ同じよウニ横に分ける方法もある」と考える子
どもがいます。縦と横は同じではありませんが，「二
つの長方形に分ける」という抽象度の高い認識と，
縦・横という具体をつなげて考えることができるわ
けです。

　置換思考は，抽象度の高い認識をもとに，具体を
考察しやすい別の形に置き換える思考といえます。

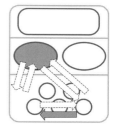

置換思考

　例えば，12本シュートを打って６本入ったうまさ
（割合）を考えるとき，２本打ったら１本入るうまさ
（割合）と同じだと置き換えて捉える子どもがいます。
これは打った本数も入った本数も違いますが，「半分
入った」という抽象度の高い認識があるから，具体
的な事象を置き換えることができるわけです。

　汎用思考は，抽象度の高い認識で，別の場面と今の場面とを同じと捉えよ
うとする思考です。例えば，分数の大きさ比べの時に，「小数も面積も単位を
揃えれば比べられたからそれをイカすと」と他の学習場面と今の学習場面を，
抽象度の高い認識で同じと捉える思考です。

汎用思考

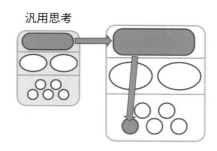

批判思考は，具体的な内容と抽象的な内容のつながりについて論理の矛盾をつく思考です。

例えば，6年生の拡大図・縮図の単元で「全ての辺を1cmずつ短くした図形は同じ形（相似形）」といえるかについて，「正三角形は同じ形といえる」が，「それ以外の三角形は形が変わってしまうのでは」とそのつながりを吟味する思考です。

左図の下から上，上から下と具体と抽象を往還する過程で，繋がらないところを指摘したり，正しく繋げ直そうとしたりします。

批判思考

堅実思考はすぐに抽象度を引き上げようとせず，考えられる具体的な内容を一つ一つ確かにしてから，抽象度を上げていこうとする思考です。

例えば，6年生「円の面積」の学習である円で半径を2倍すると面積が4倍になることを確認したとき，他の円でも確かめないと納得できないと考える思考です。

ある程度の情報を集めてから，抽象度を少しずつ上げていくので，確かな結果を得やすい思考です。

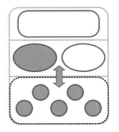

堅実思考

　<u>どのタイプの思考も，結局は具体的な事象を抽象的な概念に進化させる過程で働くものであり，算数で育てたい学び方を学ぶことにつながっている</u>ことがわかります。

だからこそ，このようなその子らしい思考が授業で見られたときは，その子どもの思考を生かして授業を展開していきたいものです。子どもを教師が想定した学び方に合わせるのではなく，子どもの学び方に教師が合わせて支援していく。そのために柔軟に授業を展開していく構えが必要です。

次章では，その子らしい思考を生かして行った実際の授業を紹介します。

どの授業も，一緒に授業をした子どもの"らしさ"によって，展開が異なりました。その一つ一つが，あの子どもたちとしかつくることができなかった，唯一無二の授業です。実践の中で紹介している思考が発揮された場面は，今でもはっきりと思い出せますし，発揮した子どもや表情，発言の言い回しまで，今でも思い出せます。

子どもが主体となる授業とは，それだけドラマチックで想定を超えるストーリーがあり，登場人物の個性がはっきりと浮かび上がるものだと実感しています。

ご紹介した実践は，皆さんにその通り追試していただくためではなく，皆さんの目の前の子どもの"その子らしさ"に寄り添った授業をつくるためのきっかけとしてお役立ていただければ幸いです。

皆さんの目の前にいる子どもは，私が紹介した子どもとは異なるその子らしさを有しているからです。そして，授業者である私とあなたの志とも言える「パーパス」が異なるからです。

「なぜ，その授業をするのか」

あなたと子どもとでパーパスを共有し，共につくる，唯一無二の授業のために。

パーパス	志	その子らしく，自由に学ぶ
ビジョン	ねらい	統合的・発展的に考察し抽象化する学び化
ミッション	内　容	単元，領域を通す中核的な内容
バリュー	手立て	子供らしい学び方を生かした分岐授

第 2 章

らしさに応じる
パーパス思考の授業実践

分数カードを作ろう　2年［分数］

2年「分数」の大きな目標

　分数との出合いとなる本単元は，$\frac{1}{2}$，$\frac{1}{3}$，$\frac{1}{4}$ などの簡単な分数を学びます。$\frac{1}{2}$ の「2つに等しく分けた1つ分」という分割分数の意味を理解しますが，分割された部分に目がいき，もとの大きさに無自覚になりがちです。<u>もとの大きさを自覚的に捉える</u>ことは，3年生以降に学ぶ量分数の学習にも生かされることです。単元を通して意識して指導にあたることが重要です。

展開 1　**問題提示**

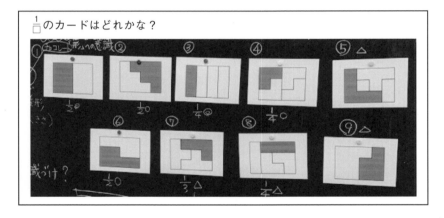

$\frac{1}{\square}$ のカードはどれかな？

　子どもは「$\frac{1}{2}$ がある」「$\frac{1}{4}$ がある」など声をあげます。自信をもって判断している図形を取り上げ，理由を話題にしていきます。

T これが $\frac{1}{2}$ に見えた人がいるみたい。
　どうして $\frac{1}{2}$ に見えたのでしょう。

C だって，半分だもん。

C ２つに分けた１つ分だから $\frac{1}{2}$ だよ。

C でも，きっちり半分か分からない。ピッタリ半分じゃないと，$\frac{1}{2}$ って言えないよ。

　直感的に半分だと思ったことの理由を確認することで，分数の意味を確認していきます。例えば右のように図形を折ったり切ったりして，重ねることで，ぴったり２等分であることを認めることができます。

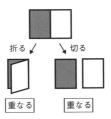

「だったら $\frac{1}{4}$ もある」

　このような発言を受けて，右のカードについても説明を促します。

　子どもは，折ったり切ったりして，ぴったり４等分であることを説明し，$\frac{1}{4}$ であることを認めます。

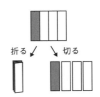

　ここで，この２枚以外のカードについて，$\frac{1}{\Box}$ を見つける時間をとります。子どもはその子らしく思考し始め，課題を焦点化していきます。例えば，次のような姿です。

ポイント

焦点化場面の分岐

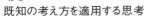

A

適用思考
"同じよウニ折る，
切る"
既知の考え方を適用する思考

B

整理思考
"$\frac{1}{2}$ のトキは…，$\frac{1}{4}$ のトキは…"
場面で整理する思考

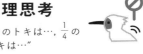

適用思考を生かした焦点化

A

有効だと感じた方法を他の場面にもそのまま生かそうとする子どもです。
例えば、「また折って重なるか調べよう」と考える思考が働きます。

　折って確かめる視点が強い子どもは、右のような図形
について、疑問をもちます。折って確かめることができ
ないからです。

　そこで、切って確かめることを適用します。◀ A 適用思考

　これで、二つはぴったり重なり、$\frac{1}{2}$といえることに納
得します。

　このように説明ができたことから、右の図形も切っ
て、回転させることを適用し始めます。そしてぴった
り重なることが説明できます。こうして、$\frac{1}{4}$といえることを確認します。

　このように考えると、切って、回転させる方法が適
用できないカード（P.70右下段）は、$\frac{1}{\square}\left(\frac{1}{2}\right)$とはいえ
ないと判断するようになります。

　しかし、面積が等しいカード（P.70中央下段）につ
いては、意見が分かれます。切ったときに凸形部分は
重なり、L字形もほぼ重なりが見られるのです。ここ
を焦点化します。

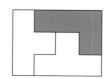

整理思考を生かした焦点化

展開
2-B

> B
>
> 全体を大まかに分類し，その仲間の共通点を考えようとする子どもです。
> 例えば，「$\frac{1}{2}$のときは全部2等分しているよね」と考える思考が働きます。

　折ったり切ったりすることでぴったり重なるとき，$\frac{1}{\square}$になっていることを理解すると，その視点で整理を始める子どもがいます。◀ B 整理思考

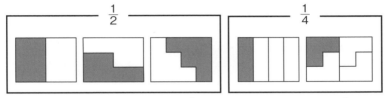

「同じ形になるように分けていたら，$\frac{1}{\square}$の仲間だ。2つに分けたら$\frac{1}{4}$になっている」と集合をつくってその共通点を説明していきます。

「逆にこれに当てはまらないカードは，同じ形になるように分けていなかったら$\frac{1}{\square}$ではない仲間だ」と判断します。

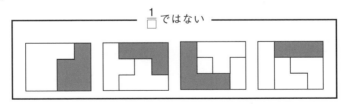

　このような整理をする過程で，右のような図形は，それぞれ$\frac{1}{3}$，$\frac{1}{4}$といえるのではないかという考えも出されます。「ぴったり重ならないときも，$\frac{1}{\square}$といえるのか」のように課題を焦点化していきます。

展開 3 **練り上げ**

この図形を切ってみると，次のようになります。

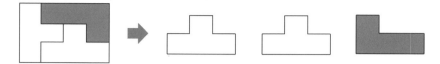

　色のついた部分が色のついていない部分とぴったり重なれば，3等分で$\frac{1}{3}$と認めることができるのですが，重ならないことを確認します。すると，$\frac{1}{3}$と認めるためにアイディアを出し始めます。

> C でも，上の部分を動かせば同じ形になるよね。
> C 確かに。横に動かせば，同じ形になるね。
> C そうか，これ同じ大きさだ。3等分だ。

　右のように，正方形1つ分を右にず
らすことで，色のついていない部分と
同じ形なります。こうして，3等分と
認めようと考えます。

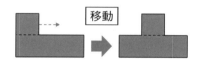

> C これ，全部4ますだよね。線を引くと4ますになる。
> C そうか，4ますだったら3等分っていえるね。
> C じゃあ切らなくても分かるじゃん。

　上の飛び出した部分が1ますに見える
と，その4ます分と数値化して大きさを
表すアイディアです。
　このように考えると，切り分ける前の
長方形の状態が12ますで，それを4ます
ずつ等分したと認めることができます。

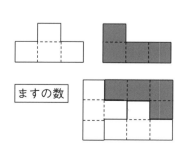

「だったらこの形は $\frac{1}{4}$ だ」

　このような声を受けて（でなければ提示して），右のカードについて $\frac{1}{4}$ といえることを説明させます。

　子どもはこのカードも，移動して同じ形とみたり，ますの数を数えて12を3つずつに分けていると捉えたりして，4等分していることを説明します。こうして「移動」や「ますの数」の方法はいつも使える考え方だと考え始めます。

　このような場面で改めて授業導入で考えていたカードを見直す活動を入れます。新たな視点で見直すと，$\frac{1}{2}$ は12ますを6ますと6ますに2等分し，$\frac{1}{4}$ は12ますを3ますと3ますと3ますと3ますに4等分していると捉え直すことができます。こうして，ぴったりと重なる同じ形でなくても，基の大きさを同じ大きさずつ等分していることで，$\frac{1}{\square}$（単位分数）と認められることをまとめとします。

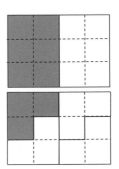

発展

「だったらもっといろんな $\frac{1}{\square}$ ができる」

　このように発展させようとする思考を捉えて，$\frac{1}{\square}$ 作りを行います。

　子どもは，形ではなく，基の大きさ（12ますの長方形）を等分して色を塗り，$\frac{1}{2}$ や $\frac{1}{3}$，$\frac{1}{4}$ のカードを作ります。出来上がったカードで，神経衰弱をしたりババ抜きをしたりしてペアや仲間を作る遊び（活動）をすることで，楽しく単位分数の理解を深めていくことができます。

同じように値上げしよう 〔4年［簡単な割合］〕

4年「簡単な割合」の大きな目標

「倍」を求める学習は各学年で段階的に行われてきています。求めた「倍」を使って「『倍の見方』でくらべる」ことを経験するのが，本単元の学習です。測定した量を「差の見方」で比べることを多く経験してきた子どもにとって，「倍の見方」を働かせることは難しいことです。そこで本単元の大きな目標を基準量の○倍で比べることと定め，割合の学習につながる大切な見方を感得できるような指導を構想します。

問題提示

「お店で売っている商品です」といって，商品を一つずつ貼っていきます。

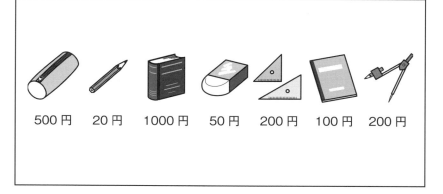

500円	20円	1000円	50円	200円	100円	200円

　数字は値段を表していることを確認します。高い，安いなど，子どもは自分の経験で，問題場面を捉えます。

　ここで，全部の商品を同じように値上げをすることを伝えます。

　"同じように"を強調しておいて，次のように具体例を挙げて問います。

「例えば，200円の三角定規は300円に値上げすることとします。
　同じように値上げすると，100円のノートはいくらになりますか？」

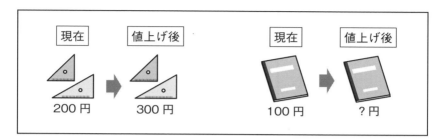

多くの子どもが200円だと発言し，みんなが賛同します。
そこで，どうして200円だと思うのかとその根拠を尋ねます。

> © 200円が300円になったということは，100円値上げしたことになるから。
> © そうそう，だからノートの100円に＋100円して，200円にしたら同じ
> 　値上げになる。

「同じように値上げ」することが，どの商品も「100円値上げ」することだ
と納得します。その後，他の商品の値上げについても話題を広げていきます。
例えば，50円の消しゴムについて，子どもは次のように考え始めます。

 焦点化場面の分岐

A
批判思考
"100円値上げしたら，
同じ値上げじゃない
カモ"
ある考えを批判的に捉える思考

B
適用思考
"同じように，100円
ずつ値上げすればいい"
既知の考え方を適用する思考

批判思考を生かした焦点化場面

A

感覚的な違和感を放っておかず，根拠を明らかにしようする子どもがいます。例えば，この場面では100円値上げすると，同じような値上げに感じられないと違和感をもち，その理由を考えます。

50円の消しゴムの値上げ場面を取り上げ，次のように問います。

🅒 三角定規やノートと"同じように"値上げをすると，
　　50円の消しゴムはいくらにすればよいでしょう。

50円　→　？円

🅒 100円値上げするから，50 + 100で150円でしょ。
🅒 え～，でもさすがに高すぎない？
🅒 50円だったのに100円も値上げするのはちょっと。

　このように，他の商品の値上げについて考えると，感覚的に<u>同じような値上げになっていないと感じる</u>子どもがいます。こうした違和感を取り上げ，学級全体で話題にしていきます。 ◆ Ⓐ 批評思考

　例えば，消しゴムの値段50円を150円にすることに違和感をもった子どもがいたのならば，そう感じた理由を問い返します。

🅒 なんか200円が300円になるのは分かるんだけど，50円が150円ってすごく値上げした感じっていうか。
🅒 三角定規のときは2倍にもなっていなかったのに，消しゴムは3倍になっている。だから，高い。

「＋100円で考えると同じような値上げだけど，〇倍で考えると同じような値上げになっていない」と問題を焦点化していきます。

適用思考を生かした焦点化場面

> 解決に役立った方法を，場面や対象が変わってもそのままあてはめて生かそうと考える子どもがいます。例えば，この場面では，どの商品も100円値上げすれば"同じ値上げ"になると考えます。

　消しゴムの問題を取り上げても，全員が「50円を150円にする」と答え，違和感をもたない子どももいます。

　「これまでも100円値上げしているから」「同じように値上げだから」と，これまでの思考を適用する考えでみんなが納得してしまいます。◆ B) 適用思考

ここで無理やり教師が"倍の見方"を促すのは，子どもの文脈とは異なる文脈を提示することになってしまいます。

　このような場合は，さらに値段が安い商品を話題にします。

> **T** じゃあ20円の鉛筆はいくらにしたら
>   　いいかな。
> **C** 20円なら120円でしょ。
> **C** 鉛筆一本120円って，高すぎない。鉛筆6本も買えるよ。
> **T** どうして鉛筆の値上げは高いと思ったの？
> **C** いや，120円は安いんだけど，変わり方が高い感じ。
> **C** だって，20円が120円って100円が1000円みたい。
> **C** 一桁増えるっていうか6倍じゃん。ノートは2倍じゃん。

20円 ⇒ ?円

　極端な場合で考えると，違和感を強くもつようになります。実態に応じて，10円，5円のような事例を提示する用意をしておくとより効果的でしょう。

　"倍の見方"が引き出されると，100円ずつ値上げしても，「同じ値上げになっていない」と問題を焦点化していくことができます。

練り上げ

「○倍という見方で見ると，この３つ（三角定規，ノート，消しゴム）は，い
くらに値上げすれば"同じような値上げ"になるかな」

子どもに考えをノートに書く時間をとり，聞き合います。

> C 200円は300円，100円は200円でいいけど，50円は60円くらいでいい
> んじゃない。
> C ３桁は３桁でいいけど２桁が３桁になるのは値上げしすぎだと思う。だ
> から50円は10円値上げで60円。

"同じような値上げ"について，自分が納得できるように考えていることが
分かります。練り上げ部分では，特にこのように子どもの文脈に寄り添うこ
とが大切です。多様な考え方が出る場面も，「倍の見方」に課題を焦点化して
おくことで，子どもは対話的に追究し乗り越えていきます。

> C でも，ノートは２倍なのに，消しゴムは２倍に
> もなっていない。ノートと同じように，消しゴ
> ムは50円から100円にしたらいい。
> C でも，それだと三角定規（200円→300円）が
> ２倍にならない。
> C 全部２倍に揃えればいいんだよ。

こうして，「倍の見方」で同じような値上げを考えていきます。さらに続き
ます。

> C 全部同じ倍にすれば"同じ値上げ"だから，何倍でもいい。私は全部10倍
> にした。
> C それはそうだけど，200円が2000円ってすごく高いね。
> C 今度は値段が高い方が，値上げも高くなる。

まとめ

　焦点化した問題に立ち返って，次のように問います。
「"同じように値上げ"をすることについて考えてきたけど，結局どうしたら"同じように値上げ"したことになるかな」

> © 何倍でもいいから，全て同じ倍にすればいいと思う。2倍とか3倍とか10倍とか。
> © 10倍は同じ値上げだけど，ちょっと高すぎだよね。
> © 多分，"同じように"って二つの意味があって，いつも「＋何円」で揃えるときと，「×何倍」で揃える時がある。
> © 「＋100円」で揃えると，値段が低いものがものすごく高くなるように見える。「×何倍」で揃えると値段が高いものがすごく高くなるように見える。

「倍の見方」と「差の見方」で値上げすることを理解するとともに，それぞれの値上げで生じる見え方まで捉えることができました。

発展

　ある学級では「三角定規に揃えると何倍の値上げっていうの？」という呟きから，小数倍の考えへ発展させた子どももいました。

> © 2倍にいっていない。半分だけ上がっている。"半分倍"だ。
> © ノートは「100円＋100円の半分」消しゴムは「50円＋50円の半分」
> © お財布に優しい値上げですね。

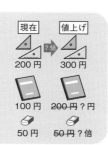

　"半分倍"という子どもらしい考えが，小数倍の学習とつながり，追究を深める姿が思い浮かぶ，わくわくする授業の終わりでした。

何枚で同じ？ （ 6年「円の面積」 ）

6年「円の面積」の大きな目標

　これまで，様々な図形の面積について，単位面積のいくつ分や等積変形，倍積変形などによって求めることを学習しています。本単元は，これらの考え方を用いて，既習の求積可能な図形を基に考えたり説明したりすることを重視します。そこで既習の図形と同じとみることを大きな目標とした授業を構想します。

 問題提示

　ピザを購入する際に，広告を見ている場面を演出します。

> Mサイズの直径はLサイズの半分です。
> Mサイズを何枚注文すれば，
> Lサイズと同じ大きさになりますか？

　はじめ直径と同じように面積も半分になると考えます。そこで，２つの円の図形を配って考える時間をとると，その子らしく思考し始めます。

 焦点化場面の分岐

A

批判思考

"違う！　３枚カモ！"

ある考えを批判的に捉える思考

B

堅実思考

"たしカメないと"

帰納的に検証する思考

批判思考を生かした焦点化

展開
2-A

違和感を放っておかず，根拠を明らかにして調整しようとする子どもです。例えばこの場合は，具体的な図の大きさから違和感をもち，確かめようとする思考です。

　直径が半分になっているから，Mサイズを2枚とLサイズ1枚が同じという考えに違和感をもって追究する子どもがいます。

© これ違う！　重ねてみたら3枚かも！

© 重ねると，Lサイズの上にMサイズが2枚すっぽり
　入る。だから2枚では足りない。

© じゃあ3枚かな。残っているところで，もう1枚
　Mサイズができそう。

© いや，3枚でもない！　これ4枚かも！

© Mサイズを半分にして残っているところに入れて
　みたら，まだ残っている。

© じゃあ4枚かな。でも違うかも……。　← （A）焦点化思考

　批判的に考え，違和感を解消するために繰り返し図で確かめることで，ピザの大きさは2倍でも3倍でもないことに納得します。

　最終的には，実測した長さを設定して計算して確認します。子どもに配った円の図形の直径が20cmだったので，次のような計算になります。

○　Lサイズ：　$10 \times 10 \times 3.14 = 100 \times 3.14 = 314$ [cm²]

○　Mサイズ：　$5 \times 5 \times 3.14 = 25 \times 3.14 = 78.5$ [cm²]

　このような計算によって，Mサイズ4枚でLサイズ1枚になることを確認します。

展開
2-B

堅実思考を生かした焦点化

> B
>
> 考えられるケースを一つ一つ確かめ，丁寧に結果を得ようとする子ども
> です。例えば，この場合，ピザの大きさを設定して計算して確かめよう
> とする思考です。

「面積を求めて確かめないと分かりません」 ◀─ B　堅実思考

　このように，確かな結果にこだわる子どもは，図を用いて結果を予想する
ような活動を遠回りだと感じます。先に条件を仮定し，面積を求めさせると
よいでしょう。

> T では，Lサイズの直径が20cmだったら，どうでしょう。
> C 面積は，半径×半径×3.14だった。
> C Lは $10 \times 10 \times 3.14 = 314$〔㎠〕。Mは $5 \times 5 \times 3.14 = 78.5$〔㎠〕。
> 　$314 \div 78.5$，これぴったり4倍だ！

　4倍であることは確かめられますが，一事例だけでは納得しません。

> C でも，他の長さのときは違うかもしれないよ。
> C 確かに。じゃあ色々な長さを確かめてみよう。
> C Lサイズが10cmのときも4倍になった。
> C Lサイズが30cmのときも4倍になった

　多くの事例を集めようと，複数で分担し始める子どももいます。このよう
に結果が見えたところで，図に目を向
けさせると，どの直径の場合も面積4
倍になることに納得します。

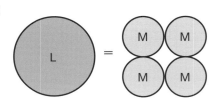

展開
3 **練り上げ**

ここまで，Lサイズ1枚とMサイズ4枚が同
じ大きさになることを明らかにしてきました。

ここで，新たにSサイズを提示します。Sサ
イズは直径がMサイズの半分の大きさです。そ
こで次のように問います。

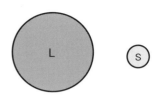

> **T** Sサイズが何枚で，Lサイズと同じ大きさになりますか。
> **C** 今度は8枚かな。4倍と4倍で8倍になる。
> **C** いやでも，もっと入りそうな感じがする。
> **C** よく考えてみないといけないよ。

ここで，直径を$\frac{1}{4}$にしたら，枚数は何枚分になるかと課題を焦点化します。
まず，8枚分と考えた子どもの考えを，みんなで解釈します。

> **T** 8枚分と考えた人は，どのように考えたのでしょう。
> **C** 半分にしたら4枚分。もう半分にしたら4枚分。合わせて8枚分て考え
>   たのかな。
> **C** 逆から見れば，直径を2倍にしたら大きさは4倍。
>   もう2倍したら，また4倍だから，4倍が2回で8倍。

数字だけ見ていると納得する子どもも多くいます。しかし，図をイメージ
している子どもの中には，この結論に違和感をも
つ子どもが表れます。右図のように，Sが4枚で
Mが1枚と考えると，Sが8枚ではMが2枚分に
しかならないのです。

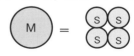

同時に16枚ではないかという予想がたちます。

この曖昧な状況を乗り越えるために，計算で確
かめ始めます。

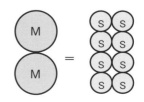

T もしLサイズが直径20cmだったらどうでしょう。

C Lは 10 × 10 × 3.14 = 314〔c㎡〕。Sは 2.5 × 2.5 × 3.14 = 19.625〔c㎡〕

C 314 ÷ 19.625 は面倒だ。でも8倍ではなさそう。

C これ，× 3.14 は両方にあるから計算しなくていい。LとMの時も，10 ×
10で100 c㎡と5 × 5で25 c㎡で4倍と分かる

C そうか。Lは 10 × 10 = 100。Sは 2.5 × 2.5 = 6.25。
100 ÷ 6.25 = 16。16倍だ。

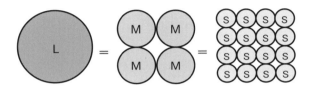

　計算によって16枚分であることを，明らかにします。

　このとき，計算の複雑さから，途中で×3.14を省略する方法が出てきます。
このことを問い返す形で，次のように追究します。

T 10 × 10 と 5 × 5 は何を表しているの？

C 正方形だよね。あ，ピザが入っている箱みたい。

C そうか，箱で比べても変わらないね。

　本来10 × 10が表すものは，Lサイズを4等分したピザが入る正方形。しか
し，この発想からピザが1枚入っている箱へと展開されていきました。

Lサイズ	=	Mサイズ	Mサイズ	=	S S S S
		Mサイズ	Mサイズ		S S S S
					S S S S
					S S S S

C 箱で考えると，Lは 20 × 20 = 400，Mは 10 × 10 = 100，Sは 5 × 5 =
25。16倍になっている。

まとめ

直径の長さを $\frac{1}{2}$ にすると4枚分，$\frac{1}{4}$ にすると16枚分と確認したところで，次のように問います。

> **T** では，直径の長さが $\frac{1}{3}$ のピザではどうでしょう。
> **C** Lサイズを30cmとしたら，$30 \times 30 = 900$，10×10 は100だから9枚分になる。
> **C** いつも平方数になっている。2倍のときは4倍，3倍のときは9倍，4倍のときは16倍。

子どもは，学習したことを生かして，9枚分であることを確認します。最後に $\frac{1}{3}$ の事例で確認することで，答えが4，9，16と平方数が並ぶことに気付きます。

 発展

「だったら $\frac{1}{5}$ にしたら」「$\frac{1}{10}$ だとどうなるかな」と，直径の長さを変えて発展させる展開もあります。

しかし，授業をしていたとき，「形を変える」ということに着目し，別の発展が見られたので，今回はそちらを紹介します。

子どもは単元前半で，円の面積は三角形や平行四辺形に変形して求めることを学んでいます。その視点を生かすと，Lのピザは右のような三角形に変形することができます。

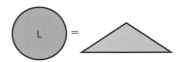

Mも三角形に変形させると，4枚でLの三角形と合同に，Sは16枚でLの三角形と合同になります。

このような変形の視点をもつと「平行四辺形なども試してみたい」と意欲的に追究する姿が見られました。

代表選手を決めよう 6年［データの活用］

6年「データの活用」の大きな目標

　統計的な問題解決方法は，単に調査されているものを分析・整理するという資料の見方にとどまらず，そこから判断をくだしたり処理方法を考えたりする材料として資料を用いる考え方です。

　本単元では，目的に合わせてデータを多面的に捉えて，問題解決や意思決定をすることを大きな目標とします。子ども一人一人が判断をするために，自分と関わる実際のデータを分析し，判断の論拠を見いだすことができるように授業を構想します。

　前時は，4〜5人が1チームになって，ダーツの得点を競い合いました。1人10投ずつ行いました。人数が異なるのでチームの合計では比較せず，平均値で比較することに納得しました。

問題提示

今日は2チームで的当てゲームの代表戦を行います。
代表選手は各チーム7人で3投ずつです。
代表選手はだれにしますか。

　窓側チームと廊下側チームに分け，それぞれ代表を決めるよう促します。子どもは，前回のチーム戦を想起し，得点の高かった人を選べばよいといいます。

　そして，過去の記録を求めてきます。そこで，前回の結果の一覧を配付し，表のどこを見て判断するかを問います。

チーム窓側	①	②	③	④	⑤	⑥	⑦	⑧	⑨	⑩	合計
A	5	6	5	5	3	8	8	7	2	7	56
B	5	7	5	4	6	6	4	4	5	5	51
C	8	5	6	6	5	4	4	1	7	5	51
D	5	7	5	7	3	4	3	4	6	7	51
E	2	3	4	5	8	4	5	5	6	7	49
F	1	5	6	7	3	3	7	4	5	8	49
G	4	1	8	9	9	5	1	5	5	1	48
H	2	5	8	10	0	3	4	7	3	6	48
I	1	3	8	5	7	0	5	6	7	6	48
J	8	3	3	9	5	7	3	6	5	2	47
K	5	1	5	0	5	8	2	4	5	6	41
L	4	4	7	3	0	3	5	5	6	4	41
M	3	1	3	5	7	5	1	7	1	7	40
N	5	6	0	0	0	5	7	7	5	0	35
O	0	8	1	3	6	3	2	2	4	1	30
P	4	1	0	3	3	0	6	3	2	0	22

提示するデータについては次のことを留意しています。

・教師が加工せず，実際のデータを提示します。
・名前は本名ではなくアルファベットにしています。数値データ以外の情報が話題にならないようにするためです。
・合計点が同じところを問題にします。代表を7人としたのは7〜9番目が同じ得点かつ，様々な視点で議論になりそうだからです。

　子どもは，合計を見て代表を選ぼうとします。今回は投げている回数が同じなので，合計が高いと平均値も高くなることは確認します。すると，7人目を選ぶところでざわつきはじめます。
　Gさん，Hさん，Iさんの3人が同じ合計（平均値）になり，決められないというのです。

G	4	1	8	9	9	5	1	5	5	1	48
H	2	5	8	10	0	3	4	7	3	6	48
I	1	3	8	5	7	0	5	6	7	6	48

「合計や平均値が同じとき，どの数値で代表選手を決めたらいいかな」

　考えることを共有したところで，しばらく考える時間を取ります。どの数値に目を向けているか見ながら判断すると，子どもはその子らしい見方でデータを分析しはじめます。

 ポイント

 焦点化場面の分岐

A
創造思考
"ヒラメいた"

新たな考えを生み出す思考

B
置換思考
"ならびカエルと"

対象を置き換える思考

創造思考を生かした焦点化

問題場面を整理して，まとめようとする子どもがいます。例えば，辺の色が一色のトキ，辺の色が2色のトキのように，ある観点で整理してまとめる思考です。

「平均は同じなんだから，実力は一緒。だったら，<u>本番に強い人を選んだらいい</u>」 ◀ A 創造思考

G	4	1	8	9	9	5	1	5	5	1	48
H	2	5	8	10	0	3	4	7	3	6	48
I	1	3	8	5	7	0	5	6	7	6	48

　本番は1人3回投げるというルールに着目し，前回の記録の最初の3回だけ見て判断すればよいと考える子どもがいます。

　そうすると，Gさんは13，Hさんは15，Iさんは12となり，Hさんが本番に強いと判断できるというのです。このアイディアは一定の理解を得られました。そして，子どもは，根拠としたこの3つの数字の和を「本番値」と名付けました。

　別の視点も出されます。
「でもこれから投げるんだから，調子が上がっている人の方がいい。『本番値』じゃなくて後半の3回も見た方が良いのではないか」

G	4	1	8	9	9	5	1	5	5	1	48
H	2	5	8	10	0	3	4	7	3	6	48
I	1	3	8	5	7	0	5	6	7	6	48

　このように見ると，Gさんは13→11で調子は<u>2減</u>，Hさんは15→16で調子は<u>1増</u>，Iさんは12→19で調子は<u>7増</u>となります。Iさんへの期待感が一気に高まります。子どもはこれを「調子値」と名付けます。

　すると，「間の数値を見た方がよいのでは……」という視点も。教師は，このように全体の数値を総括的に分析して判断しようとしている考えを捉え，3選手にどのような特徴があるかに焦点化します。

展開
2-B
置換思考を生かした焦点化

B

新しい問題場面に出合うと，新しい仲間作りの観点を増やそうとする子どもがいます。例えば，辺の長さや色ではなく，角度に着目して仲間分けしようとします。

「並び変えると何か分かるかもしれない」◀ B 置換思考

複雑な問題場面を理解しやすい形に置き換えようとする子どもです。

このときは，得点がバラバラなので，大きい順に並べ替えたいというアイディアが出されます。

G	9	9	8	5	5	5	4	1	1	1	48
H	10	8	7	6	5	4	3	3	2	0	48
I	8	7	7	6	6	5	5	3	1	0	48

数値を並び替えることで，3選手の特徴の違いが見えはじめ，子どもが話題にします。教師は違いを問い，全体で共有を図ります。

> T 3選手にはどんな違いがありますか？
> C Gさんは，0点がありません。必ず得点を取りそう。
> C Hさんは10点も0点もある。賭けだな。
> C Iさんは高い得点がない。最高8点だもん。
> C でも，低い得点も少ないよ。Gさんは1点が3回ある。

違いを話題にしていると，「○点が○回ある」のような表現が出てきます。このような表現をきっかけに，○点が○回あるかを明らかにして，3選手の特徴を調べることに焦点化して言います。

この場面では，さらに図に置き換えることで，ドットプロット図に表して追究する活動につなげていきました。置換思考で課題が明確になっていった場面です。

　3選手の特徴（違い）を調べることに焦点化した後，話し合いを見ていると，「○点が○回」という表現が出てきます。その表現を取り上げて，ドットプロット図に表現します。

　その後，改めてこの3選手の違いを問います。同じ図を見ていても，子どもによって気付きは多様です。

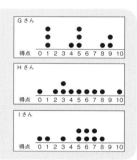

> T　3選手にはどんな違いがありますか？
> C　Gさんは5点と1点になることが多い。Hさんは特別多い点がない。
> C　Iさんは5以上の得点が多い。いい得点出してくれそう。
> C　Hさんは散らばっているけど，Iさんは5〜8点に集まっている。

　図にする前は，Iさんは高い得点を出していないと捉えていた子どもが，ドットプロット図を見ると，3選手の中でもIさんが高得点をとることが多いと判断を変える様子が分かります。このような場面では，どうしてそのようになるのかを問い返し，データの分析の仕方を明らかにします。

> T　なぜ，Iさんは高い得点を出しそうだと思ったの？
> C　だって5点以上が7つで，3点以下は3つしかない。
> C　Hさんは，5点以上が5つで4点以下も5つ。Gさんも5点が真ん中とすると，半分半分くらいだ。

　こうして，ドットプロット図を見て捉えた特徴を，どのようなデータの分析を根拠にしていたのかまで明らかにすることがこの授業の大切なところです。

まとめ

最後に子どもの表現を取り上げ，算数の用語を指導します。

例えば，「Gさんが5点と1点が多い」という表現から，注目している5点や1点のように最も多く出てくる値を「最頻値」ということを指導します。

> **T** では，Hさんやさんの最頻値はどれですか。
>
> **C** Hさんは3だ。だって他のは一回だけど3だけ2回。
>
> **C** Iさんは5と6と7だ。なるほど，一番たくさんだから他のより飛び出ている値が最頻値だね。

こうして，子どもの発言には出てこなかったHさんやIさんのデータで最頻値を確認することで，理解度を確かめます。

さらに，「Gさんも5点が真ん中」という表現から，得点の順位が中央である値のことを「中央値」ということを指導します。Gさんは得点順で5番目と6番目がどちらも5点にあるので，5点が中央値です。先程と同じように，今度はHさんやIさんで確認し，中央値が小数点になる場合も確認します。

発展

3人のうち誰を代表にするか判断とその根拠を尋ねます。根拠にはどの数値を用いたか尋ねることで，本学習の学びを振り返ることになります。

その後，もう一つの「チーム廊下側」のデータを提示し，代表選手を問います。

実際のデータですので，合計で並べ，7番目（代表選手の人数）の成績を見たとき，同じ合計点の選手がいる時といない時があります。合計点が同じ選手がいない場合でも，授業中に獲得した視点で多面的にデータを捉え，その子らしく分析し判断しようとするから面白いものです。

創造思考　置換思考　095

動物のかくれんぼ 1年［なんばんめ］

1年「なんばんめ」の大きな目標

　数えるという活動を通して，個数を表す「集合数」と，順序を表す「順序数」の2つの数の意味を学ぶ単元です。例えば，「3」という数には，3つ（個数）と3番目（順序）を表す意味があります。大切にしたいのは，数えることができる以上に「数えるときの考え方」を育てることです。子ども自らが数えるべき対象の範囲を明確にすることを大きな目標と設定し，授業を構想します。

展開1 問題提示

　壁の向こうに動物が隠れているよ。どんな動物がいるかな。

　「どうぶつのかくれんぼ」と黒板にかき，図をモニターに映し出します。左から3番目の壁からゾウが明らかにはみ出ています。当然子どもはゾウがいることを指摘します。でも，教師は見えていないふりをし続けます。本実践は，子どもが見えているのに教師が見えていないという状況設定によって，動物の位置を表現させることが重要です。

> C ゾウがいるよ！　はみ出てる。
> T どこどこ？　みんなの気のせいじゃない。
> T 違うよ！　ほら，そこ！　3番目にいるじゃん！

自分には見えているのに，教師には見えていない。このような相手がいると，子どもは必死でその場所を伝えようとします。その時，必要感をもって子どもは表現を用います。しかし，すぐに教師は納得してはいけません。一部の子どもが用いた表現を，多くの子どもが理解しているとは限らないからです。教師が物分かりの悪い情報の受け手を演じることで，子どもの表現が洗練されていくのです。

T 3番目はここ？
C 違う，そこじゃない。それは後ろからだよ。
C どっちから数えたか言わないと，場所がわからないよ。

こうして，「前から（後ろから）○番目」という数え初めの基準を明らかにすることの重要性を確認します。

展開 2 **焦点化**

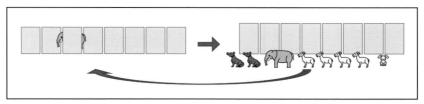

教師がモニターを見ていない間に，映っていた壁が動き出し，隠れていた動物が子どもにだけ見えてしまうハプニングを起こします。

C 先生！　後ろ見て！　壁が動いている！
　（子どもの声でゆっくり振り向き，元に戻っているのを確認）

1回では気付く子どもは一部です。多くの子どもは「何が起きているの」と分からない状況です。2回，3回と繰り返すことで，徐々に状況が浸透し

ていきます。ドリフのコントのようなやり取りで，子どもには動物が見えていて教師だけが見えていないという状況が出来上がります。すると，子どもは自分たちが知っている動物の場所を，教師に何とか伝えようと必死になり，様々な表現を用います。

> ⊤ いったいどんな動物が見えたの？
> © ヤギがいた。ウサギもいたよ。オオカミがいた。
> ⊤ ウサギはどこにいたの？
> © 端っこ。
> 　（教師が指さそうとすると……）
> © 端っこだけじゃダメだよ。どこからって言わなきゃ。
> © 右のはじ。
> © 後ろから1番目だ。さっきと同じだ！

　こうして，数え始めの基準をはっきりさせることで，数えるべき対象の範囲が明確になることを確かにします。

　その後，オオカミの位置について問います。
「オオカミも見えたの？オオカミはどこにいたの？」
　ここで子どもに考える時間をとります。オオカミは1匹ではなく2匹いたことから，その子らしい考えが引き出され，これまで以上に多様な表現が出されます。本実践の場合，次のような思考が発揮され，追究を深めていくことが想定されます。

ポイント
 練り上げ場面での分岐

A
適用思考
"同じようニ"

既知の考え方を適用する思考

B
整理思考
"○○のトキは"

場面で整理する思考

展開 3-A 適用思考を生かした練り上げ

 A
これまでの成功経験をそのまま適用させようとする子どもがいます。例えば，新しい問題にも「○番目」という順序数を用いて表現しようとします。

まず，ゾウやウサギと<u>同じような表現</u>を取り上げます。◀ A 適用思考

> C 前から1番目と2番目だ。
> C 後ろから数えると，7番目と8番目だね
> T ちょっと待った。今何か変わったね。
> C え？　さっきは前からだったけど，今度は後ろからだ。
> C じゃあ，ゾウから数えると1番目と2番目だ。

　適用している子どもの表現も皆同じではありません。違いを問い返すことで，数え始めの基準が変わっていることと同時に，その重要性を繰り返し確認し，意識させます。

　順序数を適用させる思考が発揮されると，集合数に意識が向かないことがあります。そのようなときは，教師が聞き間違えるような形で，新たに集合数の表現に目を向けさせることが有効です。

> T 左から1番目と2番目の
>   どっちにいるの？
> C どっちもだよ。2つとも。
> T でも「2つ」ってやっぱりここ（↑）だけじゃん。
> C だから違うって。先生のは2番目！僕たちのは2つ！

　教師の誤った聞き取りを修正する形で，子どもの中に順序数と集合数の表現が表れます。オオカミは左から2つであり，ゾウの前から2つでもあることを確認します。

適用思考　整理思考　　099

整理思考を生かした練り上げ

A 場面の違いを捉え，新たな場面に合う形で表現をしようとする子どもです。例えば，動物が単数の場合と複数の場合で異なる表現が必要と考えます。

<u>「オオカミは2匹いたからゾウやウサギのときと違う表現にしよう」</u>と考える子どもがいます。◀ B 整理思考

この場合は場面の違いを先に整理して確認します。これまでは1匹，今回は2匹の場所を伝える問題場面です。確認した上で，なんと表現したらよいか尋ねます。

> C さっきは1匹だけど今回は2匹なんだよなあ。
> C そうそう。だから「前から2つ」って言えばいい。
> T 前から2つって，1，2でここかな？
> C 違う違う。そこだけじゃない。それじゃあ2番目。

これまで順序数で表現していた子どもにとって，"2"が表すのは2番目だと捉えている子どもは少なくありません。その捉えのズレを教師が演じて表出させることで，課題を焦点付けていきます。

> C それは前から2番目でしょ。オオカミは2匹いたよ。
> T え，同じ"2"なのに，意味が違うの？
> C そう。「前から2番目の壁」はここの1つだけ。
>   「前から2つの壁」は，2つを一緒に言っているの。
> C ○番目の時は1つだけ。○つの時はいくつもある。

こうして，場面に応じて，複数の場合は集合数，単数の場合は順序数と，場面ごとに整理して表現方法を理解します。

まとめ

　オオカミの場所を伝えるのに，順序数「前から1番目と2番目」という表現と集合数「前から2つ」という表現の2種類があることに気付いた子ども。別の場面に置き換えてその表現を確かめることで違いを明らかにします。例えば，教室の座席の列で表現してみます。

> T じゃあみんなの座席だとどうなるのかな。
>
> 　前から2人は立ちましょう。
>
> C この2人だよね。2人だから，○○さんと○○さん。
>
> T じゃあ，前から2番目は立ちましょう。
>
> C これは僕だけだ。

　最後にその違いを問い，子どもの言葉でまとめます。
　・「□から○番目」は，その場所1つだけのこと。
　・「□から○つ」は，□からその場所まで全部のこと。

発展

　他にも隠れている動物であるヤギの場所を問います。

> T ヤギはどこに隠れていたのかな？
>
> C 前から4番目と5番目と6番目と7番目。
>
> C なんか，たくさんあって大変。
>
> C ゾウの後ろの4つの壁って言ったらいいんじゃない。

　少し見通しもたせた後，自分のノートに表現させます。
　・ゾウから後ろの4つ　　　　・前から4番目から4つ
　・後ろから2番目から4つ　　・ゾウからウサギの間全部
　・前から4番目から7番目まで全部
　子どもの思考の傾向が様々な表現を引き出すからおもしろいですね。

お話に合う式は？　1年［たし算］

1年「たし算」の大きな目標

　初めて演算を学ぶ単元で大切なことは，「意味がわかる」「計算の仕方がわかる」「使える」ことです。本実践は<u>演算の意味がわかること</u>を大きな目標に設定します。たし算は，増加（増える）と合併（合わせる）の2つの意味があります。この2つの違いを明確にできるよう授業を構想します。そして，どちらも2つの集合を1つにまとめていることから，「たし算」とみていきます。

 問題提示
展開 1

　答えが10になるたし算の式が書いてあるカードを配ります。

先生が読むお話に合う式のカードを取りましょう

7＋3　　1＋9　　8＋2　　5＋5　　9＋1

6＋4　　4＋6　　3＋7　　2＋8

　そして，問題をゆっくり読み始めます。

> ①：たかしくんはあめを3個持っています。次の日，お母さんが7個買ってきました。全部であめは何個あるでしょう。

　1文目を読んだところで，「わかった」とカードを取り始める子どもがいます。「3で始まるのは，『3＋7』しかない」と。
　このような子どものアイディアは大いに価値付けます。そして，問題を最後まで読み切ってから，お話に合う式は「3＋7」でよいことを確認します。
　こうして，全員で1問取り組むことで，活動を理解します。

焦点化

2つ目のお話をゆっくり読みます。

---
②：お母さんがあめを4個持って……。

「あ，4＋6だ！」とカードを取り始める子どもがいます。

このような動きを認めながらも，続きを読みます。

---
②：（お母さんがあめを4個持って……）います。お父さんはあめを6個持
　　っています。全部であめは何個あるでしょう。

読み終えてから，同じようにお話に合う式は「4＋6」でよいことを確認
します。しかし，次のように話す子どももいます。

> **C** これ，6＋4でもよくない？
> **C** え？　どうして？　2つもとったらダメだよ。

同じ場面を見ているのに人によって捉えが変わるところは，課題を焦点化
するタイミングといえます。ここで2つの式が合うお話といってよいのかに絞
って考える時間をとります。子どもはその子らしく問題解決に取り組みます。

ポイント
 練 り 上 げ 場 面 の 分 岐

A

批判思考
"もしかしてこうカモ"

ある考えを批判的に捉える思考

B

置換思考
"図におきカエルと"

対象を置き換える思考

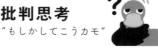

展開 3-A　批判思考を生かした練り上げ

A　新しい場面に出合ったときにもつ違和感を追究しようする子どもです。例えば，合併場面では「2つの式をとるのはおかしい」と違和感をもちます。

　1つの式のカードしか取れないという判断が強く出る子どもは，増加と合併の違いには目を向けられていません。お話に合う式は「4＋6」の1つだけだと考える子どもがいます。「出てきた数字の順を入れ替えてしまうとお話が変わってしますカモ」と考えます。この場合は，教師のその立場に立って展開します。◀ Ⓐ 批判思考

> Ⓒ はじめに4で後から6だから「4＋6」だ。
> Ⓒ さっきも，出てきた数字の順番でたし算にしていた。
> Ⓣ どうして，「6＋4」はお話に合わないの？
> Ⓒ だって「6＋4」だったらお話が変わっちゃうよ。
> Ⓒ そうそう。お父さんが先に来ちゃう。

　こうして式が逆になることに違和感をもっていることを明確にし，「6＋4」になるお話をつくらせることで追究を促します。

お父さんがあめを6個持っていて，お母さんはあめを4個持っています。あめは合わせていくつでしょう。

　問題をつくってみると，結局②のお話と変わらないことに気付き始めます。問題のお話だけで追究させるのではなく，違和感をもっているお話を自作させることで，複数のお話を比較する思考が促されます。「お話が変わっちゃうカモ」と批判的に考えていた子どもは，違いを明らかにしようと比較しますが，結果2つの場面が変わらないことに気付きます。そして，このお話は，「4＋6」と「6＋4」のどちらも合うと判断します。

置換思考を生かした練り上げ

> B
>
> 複雑な場面に出合うと，自分にとって考えやすい場面に置き換えて考える子どもです。例えば「図にしたら説明できそう」とイメージしやすい形に置き換えます。

　２つ式のカードを取っていいという判断が強く出る子どもは，増加と合併の違いを感覚的には捉えています。違いを捉えておきながらうまく説明できない状況になると，その状況を乗り越えようと，自分や相手に伝わるように置き換えて考える思考が働きます。◀━ B 置換思考

> C ①は「次の日」って書いてあるから，後から来た。
> 　でも②は同時に来た。
> C ①は順番が関係あって，②は順番が関係ないんだよ。
> C 図にするとよく分かるよ。

「後から来た」「同時に来た」という①と②の違いを説明するために子どもは図に置き換え始めます。教師は子どもが動き出したとこを認め，違いがわかるように図に置き換えることを促し，時間をとります。

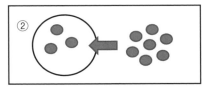

図１：後からきたイメージ図

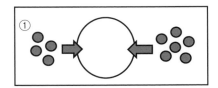

図２：同時にきたイメージ図

「①ははじめに３個あって後から７個増えたから３＋７，②は４個も６個も同時に集まっているから４＋６でも６＋４でもどちらでもよい」
　図に置き換えることで，お話に合う式を判断する理由が明らかになります。

展開 4 まとめ

　２つのお話（①と②）に合う式を明らかにしましたが，まとめとするには事例が少なすぎます。そこで，ゲームの続きをします。

---

③　休み時間に，８人でドッジボールをしています。「入れて！」と２人がやってきたので一緒に遊ぶことにしました。今，何人で遊んでいるでしょう。

　「休み時間に，８人で……」まで読んでも，子どもは「８＋２」のカードをとらずに慎重になります。この姿は，２つの場面の違いに意識を向け適切に判断しようする力が働いている捉えることができます。

　また「『８＋２』の式が合う」「『２＋８』は合わない」と判断する子どもにその理由を問い返し，根拠を明らかにすることも重要です。

T 「２＋８」がお話に合わないと思うのはどうして？

C だって「２＋８」だと，「はじめに２人でドッジボールしていて，後から８人が『入れて』ってきた」というお話になるよ。お話が変わっちゃう

C 順番が関係あるパターンの図だ。

　根拠を明らかにするとき，練り上げ場面で見いだしてきたことが生かされます。過程を振り返り，使える知識として育成することを意識します。

---

④　駐車場に車が９台並んでいます。１台増えると何台になりますか。

　「また１つの式だ」「もう簡単だよ」このように自信をもって判断する子どもに，「どうやって判断しているの」と尋ね，まとめとします。

　　○順番が関係あるお話（増加）　：　式は１つ

　　○順番は関係ないお話（合併）　：　式は２つ

展開
5

発展

　さて，せっかく２つの式のカードをいっぺんに取ることができるお得なお話を見つけたのに，なかなか先生からその話が出てこない状況に，子どもはもの足りなさを感じます。

> **C** 先生，式が２つになるお話，もっと出して。
> **T** あれ，もう問題なくなっちゃったよ。どうしたら，式が２つのお話にできたのかなあ。

　このように投げ掛け，教師の"増加"のお話を"合併"のお話に修正する活動を設定します。例えば③の問題は次のように修正していきます。

③の修正案-1	③の修正案-2
８人がドッジボール，２人がおいかけっこをしています。遊んでいる子は全員で何人？	８人が内野，２人が外野にいます。ドッジボールをしている子は全員で何人でしょう。

　子どもの作るお話には，思わずクスッとしちゃうものもありますがそこはご愛嬌。大切なことは，増加場面が合併場面に変えられているかどうかです。例えば，右のような図で説明できるかを確認することで，理解を確かにしていくことができます。

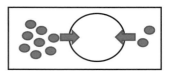

　お話ができたら，早速そのお話を使ってゲーム再開。でも，２つずつ式をとっていくとあっという間に終了。
「先生もっと式をたくさん増やしたい」
　このように動き出す子どもなら，和が10という条件をとって，式とお話を作るように発展させていくこともできます。

6 キラキラを作ろう 〔2年［かけ算（倍）］〕

2年「かけ算（倍）」の大きな目標

　かけ算には「1つ分の数×いくつ分＝ぜんぶの数」と「もとにする量×何倍＝くらべる量」の大きく2つの意味があります。2年生のかけ算は，一般的に前者で意味づけをし，その結果を同数累加で求めていく指導が行われます。しかし，今後のかけ算の学習まで見通すと，後者のような倍概念に基づいた意味づけに触れておくことが大切だと考え，「1つ分の数（もとにする量）を見いだすこと」を大きな目標に設定して授業を構想します。1つ分に対する全体が「いくつ分」になるのか明らかにすることで，「割合」の理解にもつながるものです。

展開 1 　問題提示

　キラキラと光るテープ（3cm）を提示し，「これを1キラキラとします」と宣言します。新しい単位を設定するためです。

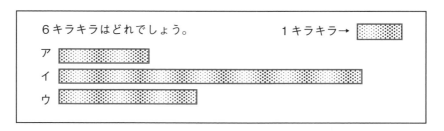

　まず，見た目で予想させると，イと予想する子どもがほとんどです。そこで，アやウが違うと考える理由を問い，確かめさせます。

　ここで，アは1キラキラの2倍，ウは1キラキラの3倍と「○倍」という

表現を教えます。

 展開 2 **焦点化**

「では，6キラキラなのはイで間違いないね」といって確かめさせます。

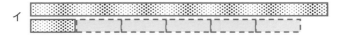

イ

> © あれ!? 6キラキラじゃないよ。
> © 本当だ。6倍より少し長い。先生間違えたんじゃない。
> T あれ，間違えちゃった。6キラキラがない。どうしよう。
> © だったら，僕たちで6キラキラを作ればいいよ。

　子どもが「ないのなら作ればいいよ」と意識を向けることは，自ら学習を深める態度につながるので，ぜひ引き出したいところです。

　ロール状のキラキラテープを出し，どこで切ればよいか問います。子どもは，「さっきの問題で使ったキラキラテープを使ってもいいですか」と，何を使って調べればよいか考え始めます。こうして，基にするテープを使って6キラキラを作ることに焦点化していきます。

　1キラキラが3cmであることを伝え，6キラキラは何cmになるかを考える時間をとります。すると，実態に応じたその子らしい思考が発揮されます。本実践の場合，例えば次のような思考です。

 ポイント
練り上げ場面での分岐

A
適用思考
"倍を使って同じよウニ
考える"
既知の考え方を適用する思考

B
創造思考
"たし算の考えが
ヒラメいた"
新たな考えを生み出す思考

A

学習した方法と同じような方法で解決に取り組む子どもがいます。例えば，「倍」の考え方を他の場面にも当てはめている考えです。

　1キラキラを，6つ並べて作る子どもがいます。◀ A) 適用思考

　実際に1キラキラ6つ分の長さを目盛りでとり，テープを切り取ります。3 [cm] × 6 = 18 [cm] で切ることが分かります。その後，他の考えにも目を向けます。

> C 僕は，1キラキラじゃなくて3キラキラを使いました。
> T これで，どうやって6キラキラを作るの？
> C 3キラキラが2つで6キラキラになるよ。
> C ほら，3キラキラの2倍だよ。9 [cm] × 2 = 18 [cm] だね。
> T あ，早速「倍」が生かされているね。

　実際に図に並べて，3キラキラの2つ分で切り取ります。すると，先ほど作ったテープと同じ長さ（18cm）のキラキラテープができます。「2倍」という表現も価値付けます。

　ここまでくると，「2キラキラも使える」と，多くの子どもが言い始めます。そして，「2キラキラの3倍」「6 [cm] × 3 = 18 [cm] だ」と「倍」の表現と図を繋げて説明できるようになります。

展開 3-B 創造思考を生かした練り上げ

> **B**
> 問題場面に合わせて，新しいアイディアを創る子どもです。例えば，手持ちのテープを繋げて，たし算で6キラキラを作ろうとする考えです。

倍の考えをもちださず，新しい発想で考える子どももいます。◀─(B) 想像思考

> **C** 2キラキラと3キラキラを合わせて5キラキラ。あと1キラキラを合わせれば6キラキラになる。

　教師は"○倍"と使ってほしい。でも子どもはたし算で求める。このようなときは，まずは，この子らしい考えに寄り添い，その後「倍の考え」を自ら働かせるように展開します。私は，他の子どもに図化させることで，解釈を促しました。

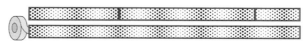

> **T** そうだね。でも，これが本当に6キラキラになっているかどうかはどうやったら分かるかな。
> **C** 1キラキラの6つ分だから。あ，「1キラキラの6倍」だ。

　作ったテープが6キラキラになっているか確かめるという目的を与えることで，「1キラキラの6倍」が登場します。すると，「私は3キラキラを使って確かめる」等，子どもの発想がつながり，「3キラキラの2倍」「2キラキラの3倍」を話題にすることができます。

　想定外の考えが出るときは，子どもがその子らしく考えているとき。この場面を大切に，その子らしい考えを解釈する活動を中心に展開したいですね。

6キラキラの作り方が複数出たところで、次のように問います。

> T 色々な作り方があったね。違うところはどこかな。
> C 倍が違う。6倍と3倍と2倍のときがあった。
> C 使うキラキラも違うよ。僕は2キラキラを使ったけど、3キラキラや1
> キラキラを使った人もいる。

　まずは、違いを問うことで、「基にする量」と「倍」の視点を引き出します。
その後、この2つを繋げて整理します。

　2つの視点を教師がわざと誤って繋げると、それを修正する形で子どもが
整理しはじめます。

> C いやそれはだめ。2キラキラの時は3倍。3キラキラの時は2倍。1キ
> ラキラの時は6倍だよ。
> C そうそう6になるのは、2×3と3×2と1×6でしょ。
> C どれを使うかで「〇倍」は変わるんだよ。

　こうして、6キラキラの作り方と共に、基にする量によって、「〇倍」も変
わるということを理解していきます。

展開 5 **発展**

　授業終末には，さらに長いキラキラテープ作りに挑戦させます。私が実践したときには，36人分（学級の人数分）のテープ作りに挑戦させました。

> T この授業の記念に，みんなに１キラキラずつプレゼントしたいんだけど，このテープのどこで切ればいいかな。
> C 本当にくれるの？　絶対に間違えないようにしなきゃ。
> C 36人だから，１キラキラの36倍。
> C １キラキラを36個並べるのは大変だよ。
> C じゃあ，さっきみたいに，使うキラキラを変えれば……。

　ここで，各自に36キラキラの作り方を考え，その方法をノートに書く時間を設定します。その後，作り方を紹介し合います。

> T ノートを見たら３×12＝36と書いていた人がいたよ。どうやって36キラキラを作ろうとしたか分かる？
> C 分かる。３キラキラの12倍。９cmが12個分ということだから９×12。
> C ６キラキラを使えば６倍。18［cm］×６という式になる。
> C 私は９キラキラを作って，その４倍がいいと思った。
> C おお！　すごい！　27［cm］×４だね。

　基にするテープが小さいと〇倍が大きく，基にするテープが大きいと，〇倍が小さくなることに気付いた子ども。９キラキラを基にするアイディアには大歓声があがります。
　一方，「１つの班は４人で９班あるから，４キラキラを９つ作ったらいい。各班に４キラキラを渡していけば，後は各班で分けられる」と，状況に合わせた解決方法も出てきてさらに歓声。４×
９という式表現と繋げます。最後は，より良いと判断した方法で，実際に36キラキラを作り，授業を終えました。

かけ算にしていいの?　　3年［小数のかけ算］

3年「小数のかけ算」の大きな目標

　本単元は，かけ算の意味を拡張していくことが最大のポイントとなります。かけ算の意味を拡張するということは，これまでに学習している「（1つ分）×（いくつ分）＝（全体）」というかけ算の意味を <u>「（基準量）×（倍）＝（比較量）」という意味に捉え直す</u>ことです。そのために，乗数が整数と小数の場面を比較し，かけ算になる理由を追究させることで，子供自身がかけ算の意味を捉え直し新しく創っていこうとする授業を構想します。

問題提示

> 1mの値段が80円のリボンがあります。
> このリボン□mの代金はいくらでしょう。

　1mのリボンの図を提示し，問題場面を確認した後で，「この問題を解決するとき，何算を使いますか？」と尋ねます。子どもは，みんなかけ算（一部たし算）と答えます。そこで，□に具体的な数を入れて確かめることを促し，3を入れてみます。
「『3mの代金はいくらでしょう』だったら，かけ算になるかな」

　子どもな80×3という式をたて，その理由を次のように説明しました。

①同数累加の考え

C 1m80円のリボンが3本あるでしょ。
80が3つ分だから80×3。

C 80＋80＋80だから。この考えはたし算ともつながる。同じ数を何度も
たすときはかけ算。

②比例の考え

C 長さが1mから3mに3倍になってい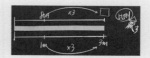
る。だから値段も3倍にして80×3。

C 比例の考えを生かしてる。

展開
2　**焦点化**

　かけ算になる理由（2つの理由）を共有したところで，改めて次のように
問います。「かけ算になったね。□にどんな数が入ってもかけ算と言えそうだね」

　子どもは，「どんな数を入れてもかけ算になる」「小数や分数を入れると分
からない」と様々考えます。そこで，小数を入れてもかけ算といえるか確か
めることにして，「『2.4mの代金はいくらでしょう』だったら80×2.4になる
かな」と課題を焦点化します。

　80×2.4としてよい理由の説明を考えさせると，次のような思考が発揮さ
れ，追究を深めていくことが想定されます。

ポイント
　練り上げ場面の分岐

A

適用思考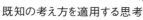
"整数のときと同じよ
ウニ説明できる"
既知の考え方を適用する思考

B

批判思考
"整数のときの説明は
使えないカモ"
ある考えを批判的に捉える思考

適用思考を活かした練り上げ

A うまく説明できた経験をそのまま適用させて考えようとする子供です。例えば，うまく説明できたから，小数のときも同じよウニ説明することができるという思考です。

「さっきと<u>同じよウニ考えれば</u>かけ算になることを説明できる」

80×3 のときに説明した 2 つの方法を使えば，80×2.4 になる理由も説明できると考えてしまうと，なんとかそれに当てはめて説明しようとする子どもがいます。 ◆ A 適用思考

比例の考えを用いた説明は，多くの子どもが納得できるので，まず共有します。その後，同数累加の考えを用いた説明を話題にします。

C □が 2.4 なら 80×2.4 になる。だって，80 円のリボンが 2.4 つ分あるっていうことだから。

C 80 円が 3 つ分で 80×3。2.4 つ分なら 80×2.4 になる。

適用させようとする思考が強く働くと，この説明にみんなが納得します。このような場面は教師が問い返して，この説明の曖昧なところに目を向けさせます。

T 「80 円の 3 つ分」は「$80 + 80 + 80$」とも表せた。では，「80 円の 2.4 つ分」はどんなたし算の式になるの？

C $80 + 80 + \cdots\cdots$あれ？　分からない

C $80 + 80 + 32$ かな。でも，これでは同じ数をたすことにならない。

C 小数になるとうまく説明できないね。2.4 つ分って微妙。

こうして，整数の時に用いた説明では，かけ算としてよい理由を説明することができないことに気付かせることができます。

批判思考を生かした練り上げ

> **B**
> 場面が変わったとき，同じように説明することに疑問をもつ子供です。例えば，整数と小数の場面を同じように説明することに疑問をもち追究する思考です。

「さっきみたいに説明しようとしてもうまくいかないカモ」

　80×3のときのようにかけ算になる理由を説明しようとした子どもの中には，その説明を批判的に捉える子どもがいます。◀ **B** 批判思考

> **C** 80×2までは説明できる。0.4のところが難しい。
>
> **C** さっきは「80＋80＋80」で80
> 円が3つだから，80×3でしょ。
> でも小数にすると，1mと1m
> と0.4mだから，「80＋80＋?」
> で同じ数をたしていない。

　算数の学習は，これまで解決できた方法を使えば，解決できる場面が多く，子どももそのような経験を積んでいます。この場面は，これまでと同じ理解ではうまく説明できないことがあると知ることに価値があります。

　そこで，教師から「80×2.4になることを説明するのは難しそうだね」と投げ掛けます。

> **C** 比例の考えを使えば80×2.4は説明できる。長さが1mから2.4mに2.4
> 倍しているから，値段も2.4倍になる

　比例の考えを用いて説明すると，80×2.4になることに納得できることを共有します。

まとめ

80×3となる説明と80×2.4となる説明を振り返り，□にどんな数を入れてもかけ算になるかとその理由を尋ねます。

> C □が小数になってもかけ算になる。比例の考えを使うと80×2.4のときは1mを2.4倍すると2.4mだから，値段も80円の2.4倍になる。どんな数を入れても比例の考えは一緒。
>
>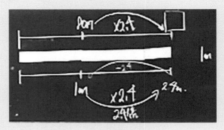
>
> C 例えば1.2mだったら，1mの1.2倍。5.8mだったら，1mの5.8倍。いつも1mの□倍だから，かけ算になる。
>
> C 1mを基準にしているんだ。

こうして，□にどんな数を入れても，比例の考えを使えばかけ算になることを説明します。

その上で，2つの説明について整理します。

> C 比例の考えを用いれば，「×整数」の場合も「×小数」の場合も説明できる。でも，同じ数をたし算する説明は，「×整数」のときは説明できても，「×小数」のときは説明できなくなる。
>
> C たし算の説明は整数限定，比例の説明は整数も小数もできる。

こうして，かけ算を「（1つ分）×（いくつ分）＝（全体）」という意味で説明しようとすると説明がつかなくなってしまう場面も，比例の考えをもちいることで「（基準量）×（倍）＝（比較量）」という意味に捉え直すことができました。

発展
5

「比例の考えを使えば，『×整数』も『×小数』もかけ算になる理由を説明できる」

　子どもが整理したのを受け，４年生までに学習してきたかけ算の場面にも当てはまるか確かめる時間をとります。

　例えば２年生の教科書から，かけ算の学習で次のような問題が載っていることを提示します。

> 1はこに　かんづめが　8こずつ　入っています。
> 6はこでは　かんづめは　何こに　なるでしょう。

　２年生の時の学習では，
「8こずつ，6箱分あるから，8×6」
「8＋8＋8＋8＋8＋8と8を6回たすから8×6」
と説明していましたが，改めて振り返ると違った見え方をします。

「1箱から6箱に6倍している
から個数も8この6倍になる。
だから8×6」

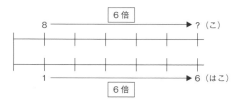

　子どもは，２年生のとき学習したこの場面も，比例の考えを用いてかけ算になる理由を説明します。

　このように複数の問題を振り返ってみると，いつも1に当たる量の何倍となっていることに気付きます。

> **C** だから，かけ算の問題は1袋とか1箱とか1mとか，いつも「1」にあたる量が出てくるんだ。1がポイントだ。

　こうして，かけ算の意味を捉え直していくことができました。

10年後にまた会おう ⎛4年「わり算（活用）」⎞

4年「わり算（活用）」の大きな目標

　計算領域で大切なことは「意味がわかる」「計算の仕方がわかる」「使える」ことです。本実践は計算が<u>使えること</u>を大きな目標して設定します。例えば，日常の事象を「わり算」を使う問題と捉え直したり，「わり算」を別の様々な事象に活用したりしようとする思考を，子どもが自ら働かせることです。現実世界の事象と数学的に表現された事象とを往還する過程を大切にして授業を構想します。

　本授業は，同級会の日程を決めるという内容で，わり算の活用場面として学習したものです。ここでは年度の最後の算数の時間（2021年3月18日［木］）に行った授業をもとに紹介します。

 問題提示

10年後にまた会おう。

　黒板にかき，10年後に同級会をしようと提案します。子どもは未来に再会した場面を想像して大盛り上がり。4年生の子どもにとって10年後といったら20歳になる年。

> C 僕は大学生だなあ。東京に行っているかな。
> C パティシエになっているかも。お菓子持っていくね。
> C 会社を立ち上げているかも。

将来の自分たちをイメージし，再会への思いを高めたところで，10年後の
いつにするかという具体的な話題に進めます。

> C 10年後の今日は？
> C 休みの日がいいよ。夏休みとか。
> C 確かに平日だと集まれないよね。でも大人になったら夏休みってないん
> 　じゃない。
> C じゃあ，日曜日がいいよね。
> C でも10年後の曜日なんて分からないよ。

　こうして，「10年後の〇月〇日は何曜日か」という問題を設定します（そ
の時の授業によって日にちは子どもが設定して良い）。

 焦点化

　10年後，2031年3月18日は何曜日だろう。具体的な日にちが定まること
で子どもは解決に見通しをもち始めます。

> T 解決に必要な情報はありそう？
> C 1年は365日。
> C うるう年もあるよ。うるう年は366日になる。
> C 1週間は7日間だから……，あ，計算でできそう。
> C なんか，算数っぽくなってきた！

　10年後の3月18日が何曜日かなんて，はじめは見当もつきませんでしたが，
分かっていることを出し合い共有していくことで，もしかしたら解決できる
かもしれないという見通しをもち始めます。「算数っぽくなってきた」という
子どもらしいつぶやきは，現実の世界を算数の世界の問題にしていく“数学
化”の過程といえるでしょう。

ここで問題解決の時間をとります。いきなり10年後を考えることに難しさを感じている子どももいます。そして，まず1ヶ月後や1年後を考えようとしている子どももいます。

　これは問題を単純な場面に置き換える思考です。10年後を考える問題より，1年後を考える問題の方が解決しやすく，みんなと共有しやすくなります。そして，問題の構造は同じと考えれば，1年後を解決できれば10年後の解決にも役立たせることができます。このような思考を価値付けながら，1年後の「3月18日が何曜日か」を調べることに焦点化します。

　7日後は同じ曜日であることから，1年後の曜日は365÷7で求められそうだと考えます。しかしこの答えが，「52あまり1」となることが話題になります。

> C 1あまるって，曜日が進むの？　戻るの？
> C あ，8日後で考えれば，1あまると曜日が進む。
> C そうか，1あまれば木曜日が金曜日になるね。
> C 10年後を1年後にするのと同じだね。

　こうして，1年後の3月18日は曜日が1日分進み金曜日であることを理解します。すると子どもは，例えば次のような思考を発揮してその子らしく続きを考え始めます。

ポイント

練り上げ場面の分岐

A

堅実思考
"全てたしカメよう"

帰納的に検証する思考

B

汎用思考
"○○をイカすと"

一般化させる思考

展開
3-A

堅実思考を生かした練り上げ

A

考えられるケースを，1つ1つ順に考え，丁寧に結果を得ようとする子どもです。例えば，「1年ずつ順番に調べていこう」と考える思考が働きます。

1年後（2022年）の3月18日が金曜日と分かった子どもは，<u>1年ずつ順に調べていこう</u>と考えます。◀ Ⓐ 堅実思考

さらに1年後（2023年）は，また1日分曜日が進み，土曜日であることは理解できます。

Ⓒ じゃあ繰り返していけばいい！
Ⓒ でも気をつけて。うるう年がある。

確認すると，2024年はうるう年であることが分かります。366 ÷ 7 = 52あまり2となり，2日分曜日が進み，月曜日であることを明らかにします。

同じように考えていくと，2025〜2027年は1日分ずつ，2028年はうるう年で2日分，さらに2029〜2031年は1日分ずつ曜日が進み，2031年は火曜日であることを明らかにすることができました。

このように1年ずつ確認していると，表に整理する子どももいました。

年	2022	2023	2024	2025	2026	2027	2028	2029	2030	2031
あまり	1	1	2	1	1	1	2	1	1	1

あまりの分だけ曜日が進むと考えると，あまりの数を全て足せば，10年で12回進むことになります。12回曜日が進むということは1回り（1週間＝7回）して，5回曜日が進むとも捉えられる子どももいます。

汎用思考を生かした練り上げ

> **B** ある場面で解決に生かせた考え方を，他の場面でも使えるように汎用的な理解を進めようとする子どもです。「この場面も同じようにできるよ」と考える思考です。

　1年後の曜日を求めるときの計算「365 ÷ 7 = 52あまり1」を，「（1年分の）全日数÷1週間分の日数」と抽象度を上げて捉えている子どもがいます。◀ B 汎用思考 「全日数÷1週間分の日数」と捉えられている子どもは，1ヶ月後であれば「30日（31日）÷7」，2ヶ月後であれば「61日（62日）÷7」のように，様々な問題場面で解決できることを想定して考えています。
　今回の問題も「10年分の全日数÷1週間分の日数」で解決することを試みます。

> 10年分の全日数は　　　　 365 × 10 = 3650
> うるう年が2回あるから　 3650 + 2 = 3652
> 　　　　　　　　　　　　 3652 ÷ 7 = 521あまり5
> あまりが5なので，曜日は木曜日から5回進み火曜日になる

　この解き方を聞くと，子どもたちも納得します。あまり5の処理の仕方として，「木曜日 + 5 = 火曜日」という式を立てるところも，意味をよく理解していますし，何よりその子らしいユーモアがあります。

まとめ

　堅実思考でも，汎用思考でも，あまりの意味を考えて問題解決に活用することで，2031年3月18日は火曜日であると導くことができたことを価値づけます。

　最後は，事実を確認します。今は一人一台端末がありますので，子どもは手元のタブレット端末を使って確認していきます。

　自分の力で10年後を予想できたことから，自分たちの考え方のよさを感じます。

発展

　Ⓒ 火曜日じゃあ集まれないよね。

　Ⓒ そうだね。大学も，仕事も休めないよね。

　Ⓣ じゃあみんなが集まれそうな時間を決めてね。

　この後，本時の学習を生かしながら自分が集まりたい日を追究します。右の子どもは，「4月2日」という日を設定し，10年後が何曜日かを追究しています。

　2031年の3月18日が火曜日であることを基に追究する子どももいて，どの情報を問題解決に役立てるかは，子ども次第です。みんなで明らかにした日の中から，集まる日を決め，10年後の再会を約束します。

シュートのうまさが変わっちゃう　5年「割合」

5年「割合」の大きな目標

　割合の指導について「基準量と比較量を正しく捉えること」の困難さが指摘されています。「基準量と比較量を正しく捉える」には，すでに子どもがもっている基準量と比較量の捉えを見るようにし，より正しい捉えに子ども自身が更新していく学習活動が欠かせません。基準量を1とすることへの意識の低さこそ，割合の指導の改善が図られない大きな要因になっています。割合の大きな目標を<u>基準となる1を捉えること</u>と定め，その必要性や意味を感得できるような指導を構想します。

 問題提示

シュートのうまさは同じかな？								
A選手	×	○	○	×	○	×		
B選手	○	×	○	×	○	○	○	○
C選手	○	○	○	×	○	○	×	×	○

　子どもは，シュートのうまさは違うといいます。そこでそう判断した理由を問います。
　子どもは前時までの学びを生かして，分数や小数にしてうまさを数値化して説明しようとします。

分数 Aは6本中3本入ったから $\frac{3}{6} \rightarrow \frac{1}{2} \rightarrow \frac{6}{12}$

Bは8本中6本入ったから $\frac{6}{8} \rightarrow \frac{3}{4} \rightarrow \frac{9}{12}$

Cは9本中6本入ったから $\frac{6}{9} \rightarrow \frac{2}{3} \rightarrow \frac{8}{12}$

小数 Aの$\frac{3}{6}$を小数にすると3÷6で0.5

Bの$\frac{6}{8}$を小数にすると6÷8で0.75

Cは$\frac{6}{9}$を小数にすると6÷9で0.666…

数値化したときに異なることから，うまさは違うと判断します。

展開
2 **焦点化**

12本のシュートでうまさを競い合うことを伝え，
「同じうまさのまま12本打ったらどんな結果になるのかな」
と問います。

A選手	×	○	○	×	○	×						

A選手から考えを書き込む時間を取ります。
多くの子どもが次のように結果を予想します。

A選手	×	○	○	×	○	×	×	○	○	×	○	×

どうして，このように予想をしたのか尋ねます。子どもは，6本打って3本入った結果を繰り返せば，12本打って6本入る結果になると予想します。
次に，B選手の結果を予想して書き込む時間を取ります。

B選手	○	×	○	×	○	○	○	○				

しかし，B選手についてはA選手の時のようにすんなり結果を予想することができません。例えば，次のように予想する子どもがいます。

置換思考 汎用思考 127

C 12本まであと4本しかないから，8本分全部繰り返すことはできない。

C 前半だけ繰り返すと図のようになって，12本打って8本入ることになる。

C でもそれだと，最初に分数で $\frac{6}{8}$ と $\frac{9}{12}$ が同じうまさって確認したのに，うまさが変わっちゃうことになる。

C じゃあ，どうやって結果を考えればいいの？

冒頭で，$\frac{6}{8} = \frac{9}{12}$ と分数の置き換えは確認できているので，「うまさが変わっちゃう」という違和感にはみんな納得します。

そこで，「うまさが変わらないように，空欄の4本分をどのように予想するか」という問題に焦点化します。

問題を焦点化したあと，教師は子どもの動きをよく見守ります。子どもはその子らしく思考し始めるからです。例えば，次のような姿です。

ポイント
練り上げ場面の分岐

A
置換思考
"2本打ったに
置きカエルと……"
対象を置き換える思考

B
汎用思考
"平均の考えを
イカすと……"
一般化させる思考

展開
3-A
置換思考を生かした練り上げ

A

複雑な場面に出合うと，考えやすい簡単な場面に置き換えて考える子ども もがいます。例えば，この場面では，"同じうまさ"を2本打って1本入っ た場面で考えようとする子どもです。

Ｃ これじゃ考えにくいから，<u>例えば○×みたいに，2本打って1本入るう まさで考えてみたらいい。</u>◀ A 置換思考

Ｃ 4本打ったら○×○×でも○××○でもうまさは変わらない。順番変え てもいいんだ。

Ｃ 12本打ったら○×○×○×○×○×○×で6本入ることになる。これは A選手のうまさと変わらない。

こうして，成功と失敗の順番はうまさと関係ないことを明らかにします。す ると，B選手の結果を並び替えて考え始めます。

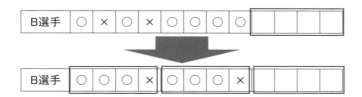

○○○×の繰り返しと見れば，うまさが変わらないという考え方です。

つまり，$\frac{3}{4}$（$\frac{3}{4}$が1回）と$\frac{6}{8}$（$\frac{3}{4}$が2回）と$\frac{9}{12}$（$\frac{3}{4}$が3回）と分数で考えると， 同じうまさであることを確認できたのです。

置換思考 汎用思考 129

展開 3-B 汎用思考を生かした練り上げ

> B
>
> 同じような問題の文脈を持ち出して，考える子どもがいます。例えば，この場面を平均の問題と同じように捉えて，どんな場面でも使えるように考える子どもです。

　異なる場面で用いていた"均す"という考え方をもち出す子どもがいます。例えば，平均の学習で，7日間で35個空き缶を拾うことと1日5個拾うことは同じであるとみることを学んでいます。このような平均の場面と今回の場面を同じように捉え，学びを生かすことが得意な子どもです。◀ B 汎用思考

　考えを解釈していくと，次のような展開になります。

C A選手は2本打ったら1本入るうまさ。つまり半分入る。だから，12本打ったら6本入る，うまさも半分入ると見れば同じ。

A選手	○	○	○	○	○	○	×	×	×	×	×	×

C B選手は4本打ったら3本入るうまさです。
結局4本打ったら3本入ることと同じになります。

	1		2		3		4	
B選手	○	○	○	○	○	○	×	×				

	1			2			3			4		
B選手	○	○	○	○	○	○	○	○	○	×	×	×

　つまり，あと4本打つところは，順序は関係なく，○が3つで×が1つ入れば同じうまさといえることを確認します。このように，$\frac{6}{8}$も$\frac{9}{12}$もいつも$\frac{3}{4}$（4本打って3本入る）と捉えられたのです。

 **まとめ**

　ここまで，子どもは図で同じうまさ
を考え，分数でそのうまさを表現して
います。ここで，導入で扱った小数の
表現を取り上げ，次のように問います。

$\frac{3}{4}$ ◯◯◯×

$\frac{6}{8}$ ◯◯◯◯◯◯××

$\frac{9}{12}$ ◯◯◯◯◯◯◯◯◯×××

> **T** みんなは，B選手のうまさを0.75とも表現していましたね。0.75はこの
> 図のどこに見えますか？
> **C** この図（◯◯◯×）の全体を1とすると，1つの◯は0.25。◯が3つだ
> から，成功したところが0.75になる。
> **C** この図（◯◯◯◯◯◯××）は0.25が6こだから…。
> **C** 違う。これも全体を1とすると成功したところが0.75だよ。
> **C** だったら，$\frac{9}{12}$も全体を1とみたら成功したところが0.75だ。どれも全体
> を1と見たら，成功したところが0.75だ。

　B選手の成績について説明が共有されたところで，A選手の成績について
も振り返る場を設定します。すると，
「全体を1とすると，いつも半分だから0.5なんだ」
のように，B選手と同じように考えられることを確認できます。

 発展

「だったら，C選手も考えられる」

| C選手 | ◯ | ◯ | ◯ | × | ◯ | ◯ | × | × | ◯ | | | |

「この3本は，順番関係なく◯が2つで×が1つになればいい」
　その理由について，学んだことを生かしながら説明をし始めます。

	1	2	3		
C選手	◯◯◯	◯◯◯	×××		

| C選手 | ×◯◯ | ×◯◯ | ×◯◯ | | |

同じ高さまで注ぐと……　6年「比」

6年「比」の大きな目標

　二つの数量の関係を割合を用いて考察する学習です。そのとき，<u>数量（体積や面積，長さ等）が変わっても，関係は変わらないことを捉えること</u>が大きな目標です。関係を捉えるとき，複数を数量化する共通の単位に着目することが重要です。共通の単位を意識することで，数量関係が変わらないことを構造的に理解するための指導を意識して，授業を構想します。

展開 1 　**問題提示**

> 周りの長さが同じコップがあります。（正三角形と正六角形）500 mLのジュースを，それぞれ同じ高さになるように注ぎきります。正三角形のコップには，何mLのジュースが入っていますか。
>
>

　子どもは，体積の学習を想起しジュースの量を考え始めます。そこで，子どもが感じている複数の予想を共有させるために，「コップに入っているジュースの量は同じでしょうか。違うでしょうか」と問い，挙手させます。そして，同じ量と考えている子どもに，その理由を尋ねます。

> **C** 周りの長さが同じものを，形を変えただけだから体積は変わらないはず。
> **C** 高さが一緒だからね。体積も変わらない。

　次に，違う量だと考えている子どもにその理由を尋ねます。

周りは同じ長さでも，体積は同じとは限らない。

 長方形の時だって，周りの長さが同じでも面積が大きくなったり小さくなったりしたよ。

　答えの予想だけでなく予想の理由にも違いがあることを共有した子どもに，再度，「ジュースの量は同じでしょうか。違うでしょうか」と問います。子どもはどちらにも判断できる理由があることが分かり，「どっちの予想が合っているんだろう」と問いをもちます。そして予想を確かめるための方法を考え始めます。

展開 2 焦点化

　子どもは体積を求めるために，はじめは様々な部分の長さを知りたがります。底面の図形の辺の長さや，ジュースが入っているところまでの高さです。その後，必要な情報が整理されていきます。

 あのさ，気付いちゃったんだけど，高さ関係なくない。

 高さは同じだから，底面積が分かれば比が分かる。

 そうか，底面積の比でジュースを分ければいいんだ。

　こうして高さの情報は必要ないと判断し，底面積を求め，比を明らかにすることに課題を焦点化していきます。

　ここで，周りの長さが等しいという条件から，正三角形の一辺を4cm，正六角形の一辺を2cmと仮定することを子どもと確認します。

　教師はそれぞれの面積を問い，考える時間を取ります。

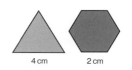

4 cm　　2 cm

 三角形は無理じゃない。だって高さが分からない？

 えっと，高さも4cmじゃないの？

 違う違う。4cmなのは3辺。
　　高さは4cmより微妙に短いはずなんだけど。

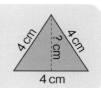

子どもは，一辺の長さが分かっただけでは底面積は求められないことに気付きます。教師は，面積が求められない理由を問い返し，正三角形の高さに当たる長さが分からないことを明確にします。

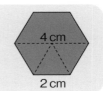

- Ｃ 正六角形はいけるかも。だって下半分の台形は下底が２cmで，上底は４cmじゃないですか。
- Ｃ 本当だ。正三角形を並べると分かるね。
- Ｃ あー，でも結局，台形の高さが分からない。

　正六角形は，補助線を引き，二つの等脚台形にして面積を求めようと考えます。しかし，台形の高さにあたる長さが分からないため，面積は求められないことが明確になります。

　この補助線を引く活動がポイントです。比に表すための単位となる小さな正三角形が，正六角形の中に見えるようになり，課題解決に活用できるからです。教師は図形の中に他の図形を見いだした子どもの発言を取り上げ，補助線を書き残していきます。面積を求められないことを説明するための補助線が，この難題を乗り越える重要なヒントとなっていることは，このときの子どもは知る由もないのですが……。

　２つのコップの量の関係を比に表したい。でも底面積が求められない。この場面を乗り越えるために，その子らしく考え始めます。

ポイント
　練り上げ場面の分岐

A
汎用思考
"単位の考えがイカせそう"
一般化させる思考

B
創造思考
"ヒラメいた。○○してみよう"
新たな考えを生み出す思考

展開 3-A

汎用思考を生かした練り上げ

A ──

学習したことを異なる文脈で生かせるように抽象化して考えようとする子どもです。例えばこの場面では，比に表すために共通する単位を探そうとする思考です。

比を求めるときには共通の単位（大さじ○杯，○カップ等）が必要だと考える子どもは，早くから単位を見いだそうとします。

例えば，面積を求めようとした時の高さの線で2等分した直角三角形を使って，<u>「正三角形は直角三角形の2つ分。</u>

<u>六角形は直角三角形のいくつ分かなあ」</u>と考えるような子どもです。◀ A 汎用思考

直角三角形2つ

直角三角形2つ分ちょっと?

でもこれではうまくいきません。そこでさらに適切な単位を追究します。

C （重ねてみて）どうしても六角形の方が大きいよな。

C 比にするのはどうしたらいいのかな？

C この三角形を使えばできるんじゃない？
（手元の図形を重ねて）。

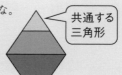

共通する三角形

図形を重ねたときに見える小さな三角形と，六角形を二等分する線を見つけるために使った三角形が同じ形であることに気付き，それを単位として考え始めます。

C この三角形を1とすると，正三角形は4つ分。
正六角形は6つ分。だから4：6だ。

C そっか，じゃあ，2：3になるね。

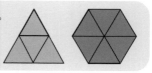

見いだした単位を使って，関係を比で表現することができます。

汎用思考　創造思考　135

展開 3-B　創造思考を生かした練り上げ

> B
>
> まずやって見て分かることはないか追究しようとする子どもです。例えば、「重ねてみよう」「切ってみよう」と思いついたことを実行する子どもです。

図形を配り面積について分かることを尋ねます。

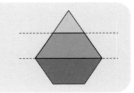

C（重ねてみて）六角形の方が大きいよなあ。

C まず同じところを抜き取ろう。 ◄— B 創造思考

C 残った三角形と台形を比べよう。

C これを比で表せるかな。

　教師は「重ねる」「抜き取る」など子どもがやってみたこととそこから分かったことを整理していきます。そうして，大きさ比べのように，同じ大きさの部分は取り除き，残った部分の大きさを比べようとしていることを共有し，その後さらにこの部分を重ねて比べます。

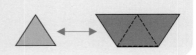

C（重ねて）あれ，３つくらい入りそうじゃない。

C 確かに。三角形で考えれば１個と
　３個の関係だ。

C わかった。これ，１：３の関係だ。

　教師は単位となる三角形を見つけたことを価値づけ，１：３という結論に納得してみせます。すると，すぐに「部分だけで判断するのではなく，最初に取り除いた部分も合わせないといけない」と子どもからツッコミを受け，４：６であることに修正されます。

　試行錯誤しながら，数の大きさの関係をどのように表すか考えることで，最終的に単位の良さが見えてくる展開になります。

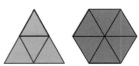

まとめ

　子どもは手元の図形を重ねて見えてきた正三角形を単位として考えることで解決します。また，面積を求める考え方では解決できなかった場面を，単位に着目することで解決できたことを喜び，単位に着目しその割合を比に表す方法の有用感を感じることができます。

　最後に500 mLのジュースを同じ高さまで入れたら，何mLずつ入っているかを確認します。

> [C] 正三角形：正六角形＝ 2：3 だから500mLを
> 　　2：3 に分けたらいい。
> [C] 正三角形コップは，$500 \times \frac{2}{5} = 200$　正六角形
> 　　コップは，$500 \times \frac{3}{5} = 300$
> [C] だから，三角形のコップには200mL入っている
> 　　ということだ。

2　：　3

200mL　　300mL

発展

　三角形の一辺の長さが4 cmじゃなかったら違う結果になるのではないかという疑問（子どもから出るようであれば子どもから）を投げ掛けます。

　面白いもので，子どもは辺の長さを変えて計算をしようとし始めます。しかし，高さが分からず行き詰まります。そのとき，授業で学習したことと同じであることに気付きます。そして，「単位とした三角形のいくつ分」と考えれば，長さがどのように変わっても，二つのコップの量の関係は変わらないことに気付きます。

　最後に，有効だった解決方法を問い，発揮した力を顕在化させます。
「面積を求めなくても，三角形のいくつ分かを数えれば比が分かる」
「正三角形と正六角形に共通する単位を見付けると比が求められる」

　つまり量が分からなくても，単位を意識することで，その関係が分かることを自覚します。

1cmずつ縮めたら同じ形？ 　6年「拡大図・縮図」

6年「拡大図・縮図」の大きな目標

　図形領域の学習は「仲間をつくる」ことが大きな目標です。仲間をつくるとき，何をもって仲間と見るかという観点が必要です。

　本単元では，辺の長さの関係や角度に着目して仲間分けをすることが大切な目標です。特に大きさが違っても同じ形の仲間と判断する時，辺の長さの関係を捉えることが肝となります。仲間づくりの観点を明らかにしながら追究できる授業を構想します。

 問題提示

> 三角形Aと同じ形の
> 三角形を見つけましょう。
> A（20cm，10cm，16cm）
>

　問題を提示して，袋から順に三角形を出していきます。

　子どもは様々な反応をしながら，見た目で判断していきます。

〈違う形〉　　　　　　　　　　　〈同じ形〉

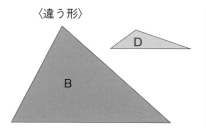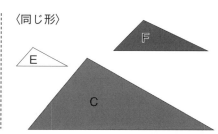

B（30cm，20cm，26cm）；C（40cm，20cm，32cm）；D（17cm，7cm，13cm）；
E（10cm，5cm，8cm）；F（19cm，9cm，15cm）

まずは，違う形と判断した理由を尋ねます。

> **C** Bのとがっているところは，定規の角を重ねてみると90°より小さかった。
>   Aの形は90°より大きいので違う。
> **C** Dは違う。Aの形に比べると底辺が広いってこと。
> **T** つまり，みんなは何が違うと形が違うと判断しているの？
> **C** 角度が違ったり，辺の長さが違ったりすると形は変わる。

　角度や辺の長さに着目したところで，図形を計測させます。BやDは角度
や辺の長さ違うので，違う形と納得します。
　「だったら右側も……」という子どもの声を受けて，同じ形に見えた図形も
計測することにします。

> **T** AとCの辺の長さは等しくないけれど，同じ形と言える？
> **C** AとCは底辺が20cmから40cmと2倍になっている。
>   他の辺も，8cmから16cmに2倍になっている。
> **C** あ，4マス関係表だ。なるほど。分かりやすい。
> **C** もう1辺もいっしょで，16cmの辺も2倍で32cmになっている。

　辺の長さは変わっても，関係は変わらないことに目を向けます。
・Aの辺とCの辺は，2倍の関係になっていることは変わらない。

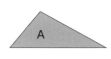

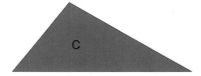

A	C
10	20
16	32
20	40

・Aの辺とEの辺は，0.5倍になっていることは変わらない。

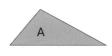

A	E
10	5
16	8
20	10

同じように調べていくと，AとFは次のよう結果になります。

この結果を見て，子どもの意見は真っ二つに分かれます。

> © やっぱり同じ形だ。だってどれも 1cm ずつ短くなっているもん。
>
> © 角度もほぼ同じだしね。
>
> © え，違う形じゃないの。さっきは 2 倍，0.5 倍だったけど，今回は 1cm 違い。これは同じなのかな。

　同じ形と考える子どもは，見た目，そして 3 辺とも 1cm 違いと同じ変化をしているところを根拠とします。このように，一度同じ形と信じ込むと，角度の些細な違いも気にならなくなってしまうところが面白いものです。一方，違う形と考える子どもは，先程までは○倍だったのに今回は 1cm 違いと，根拠が変わることに違和感をもちます。

　こうして，辺の長さが 1cm 違いの図形について考察しようと課題を焦点化していきます。

　ここで考える時間を取ると，子どもはその子らしい思考が発揮され，次のように追究を深めていくことが想定されます。

ポイント
練り上げ場面の分岐

A
批判思考
"同じ長さを減らしても
形は違うカモ"
ある考えを批判的に捉える思考

A
適用思考
"同じよウニ，表に
まとめて"
既知の考え方を適用する思考

展開
3-A
批判思考を生かした練り上げ

A

新しい問題解決に違和感をもったとき，その根拠を明らかにしようとする子どもです。1cmずつ減らしても同じ形という違和感を追究します。

違う形という判断が強く出る学級では，その根拠を探し始めます。

計算で何倍か判断しようとしても，計算が複雑になってしまいます。また，比を使って判断しようとする子どももいますが，数値上では違っても，実物は同じ形に見えます。子どもの中には，「もっと減らしたら……ちがう形になるカモ」と，次のような解決に目を向ける子どもがいます。◀─ A 批判思考

C でも，同じように減らしたら，AとFは引く1していますよね。そうするとDの形は引く3cmをしていると見えます。

T 何で今AとFの話をしているのに，Dの話をするの。

全てを話させず，Dの形を話題にした理由を，全員で考えられるように，問い返して強調します。

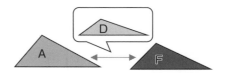

C Aから引く3cmをすると，17cm，7cm，13cmになる。Fを同じというなら，Dも同じ形になるので，私は違うと思う。

C AからFは，全部の辺から1cm引いていますよね。AからDは3cm引いている。引いている数字は違うけど，もし引く1cmが同じ形なら，引く3cmも黄色と同じ形になると思います。

こうして辺の長さを，極端に減らしていったときを考えることで，同じ形とは判断できないことを確認します。改めて，角度を見直して「やっぱり，角度も微妙に違うと思ったんだよなあ」なんて子どもがいたら盛り上がると共に，大切な観点を抑え直すことにつながりますね。

批判思考　適用思考　141

展開 3-B　適用思考を生かした練り上げ

B

同じ方法をそのまま適用させて，新しい問題を解決しようとする子どもです。例えば，対応する辺の関係を表にまとめて捉えようと考えます。

　1cmずつ縮まっていたら同じ形という判断に納得する子どもがいます。◀ B 適用思考　この場合，まず子どもが同じと判断している理由を受け止め切ることが大切です。このことを残したままでは，違う形と判断する理由を押し付けることになり，本当の意味での理解には辿りつかないのです。

> C 辺を比べるとそれぞれ，1cmずつ減っているから。
> T ちょっと待った。どこが1cmずつ減っているかわかりますか。
> C 20と19，10と9，16と15です。同じ1cmずつ減っている。
> C 一回り小さくなっているということだ。同じ形でしょ。

　辺の長さの関係に着目して，同じ形と判断している点は，本単元の大きな目標に向かっています。「二つの辺の長さの関係が同じことを見抜くなんてすごい目だ」と価値づけます。そしてさらに，この考えを適用させて，「同じよ

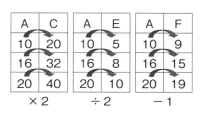

ウニ」と数値を変えたり「＋」を確かめたりする活動を設定します。

> T 同じようにプラスしている図形はないかな。
> C あれ？　Bの三角形は，全部10cmずつ長くしたのだよ。
> C 本当だ。じゃあ，長くするときは同じ形にはならないんだ。
> C でも，Dは引く3cmになっているよ。引くもダメなんじゃない。

　ここまで目を向けたら，Fの形も違うという議論ができるようになります。

 **まとめ**

図形を整理して並べます。E：A＝1：2　A：C＝1：2。

〈同じ形〉

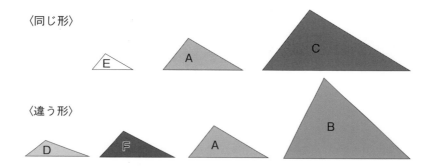

〈違う形〉

　同じ形は対応する辺の長さの比が同じで角度が同じであり，違う形は辺の長さの比や角度が違うことをまとめとします。「中でも，1cm減らしは要注意だ」と子どもは付け加えたのは実感がこもっています。

 発展

「このまとめに合うように，同じ形や違う形を作ってみよう」
と投げ掛け，作図の活動の時間をとります。
「5倍にしてみたら」「全て10cm短くしてみたら」など，子どもは自分が確かめたい図形を決め，作図を試みます。これまでに合同な図形の作図の経験を生かして作図することはできますが，作図に困る場面があったら次の時間の作図の学習場面につなげます。
　10cm短くしようとすると，辺の長さが0cmになり作図できないことにも気付きます。等しい比で三角形を作っていくと，どんなに小さくしていっても作れること，同じ長さずつ短くしようとすると6cmを超えると三角形ができなくなることがわかってきます。
　実践では，次のようにまとめに文言が加わり授業を終えました。
○同じ形は，小さくしていっても形が変わらない。点に近づく。
○1cmずつ減らした形は，小さくしていくと直線になっちゃう。

批判思考　適用思考　　143

三角形で神経衰弱 〔3年［三角形］〕

3年「三角形」の大きな目標

　図形領域の学習は「仲間をつくる」ことが大きな目標です。仲間をつくるとき，何をもって仲間と見るかという観点が必要です。その時，着目させたいのが図形を構成する要素です。3年生は，<u>辺の相当関係に着目して同じ仲間とみること</u>を大きな目標と設定します。子どもが作った図形を仲間分けすることで，二等辺三角形や正三角形の概念を形成することをねらいます。

展開 1 ┄┄┄┄┄┄┄┄
問題提示

（子どもは前時に，赤5cm，青4cm，緑3cm，ピンク2cmのストローで，色々な形の三角形を作っています。）

> カードの裏に，前の時間にみんながつくった三角形がかいてあります。
> このカードを使って神経衰弱をしましょう。
>
>

　まず，数人の代表にカードをめくらせます。神経衰弱という名前から，子どもは全く同じ形が2枚ずつあると思っています。しかし，何枚めくっても，なかなか同じ形の三角形がでてきません。

「先生，ちゃんと同じ形を用意しているの？」
と，子どもは疑い始めます。そこで，全部めくって図形を確かめます。

「同じ三角形を用意するのを忘れてしまった」と，教師が困った場面を強調
します。そして，「だったら，同じ仲間はペアにしたらいいよ」のような子ど
ものアイディアを引き出し，"同じと見る"視点を価値づけていきます。問題
の「同じ三角形」を「同じ仲間の三角形」に書き直します。

展開2 焦点化

　まず，正三角形を取り上げ，同じ仲間を探す活動を設定します。複数種類
の図形を同時に扱うと，子どもの思考が定まらないからです。

> T　この三角形と同じ仲間といったらどの三角形になる？
> C　Bが同じ仲間だと思います。だって，全部同じ長さの辺で
> 　　できているでしょ。
> C　だったら，Hも同じ仲間じゃない。
> C　ほんとだ。でも同じ仲間が3枚になっちゃうよ。
> C　いいじゃん。トランプだって，同じ数が4枚あるし。

　辺の長さ（色）に着目して仲間分けをして
いることを明確にします。すると，子どもは
他の形についても仲間分けの見通しをもちま
す。こうして，辺の長さに着目して仲間分け
することに課題を焦点化していきます。

展開3 練り上げ

　A，B，H以外の形について仲間分けを考えます。
　辺の長さに焦点化することで，子どもはEとDは同じ仲間だと捉えます。し

整理思考　創造思考　145

かし，Fについては意見が分かれます。

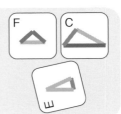

C FはCと仲間でいいんじゃない。
C どちらも背が低いもんね。
T じゃあEは背が高い。
C でも，Eも向きを変えると低くもなる。
C だったら，背の高さじゃ決められないね。

　問題を辺の長さに焦点化したとしても，いざ仲間作りを始めると，他の観点を持ち出す子どもは必ずいます。観点が異なるだけで，仲間を作ろうとする思考は価値のあるものです。頭ごなしに否定したり，辺の長さで仲間分けすることを強制したりせず，認めながら仲間を作っていきます。その後，その観点では仲間作りが曖昧になってしまう場面に出合わせると，子どもが辺の長さに着目し直します。紹介した場面でいえば，三角形の向きを変えてみることがこの曖昧さに出合い，辺の長さに着目し直すきっかけとなります。

　こうして，ペアにできる仲間を整理します。

①三辺相等：A，B，H　②二辺相等：D，E，F　③三辺不等：C，G

　ここでグループで神経衰弱をして遊ぶこととします。この時，右のように辺の色を抜いた三角形を二つ混ぜておきます。

　すると子どもは，次のような思考を発揮し，追究を深めていくことが想定されます。

 まとめ場面の分岐

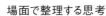

A
整理思考
"同じ色のトキは…
　違う色のトキは…"
場面で整理する思考

B
創造思考
"ヒラメいた"
新たな考えを生み出す思考

展開 4-1 整理思考を生かしたまとめ

A
問題場面を整理して，まとめようとする子どもがいます。例えば，辺の色が一色のとき，辺の色が2色のときのように，ある観点で整理してまとめる思考です。

「辺の色が一色のトキは，三つの辺が等しいグループだ」◀ A 整理思考

　全員で学習を進めていたときには理解していたように見えていた子どもも，いざゲームをして自分で判断する時になると，長さではなく色の観点で仲間分けしてしまうことがあります。

　分かっていないわけではなく，辺の長さを色で判断しているうちに，長さを捨象する考え方をしている子どもです。このような子どものらしさを生かすには，「辺の長さと色が一致していたけれど，今回は辺の長さと色が一致しているわけではない」と教えるのは難しいことです。

> C 全部黒で同じ色だから，①の仲間だよ。
> C えー，でも，形が違うような。長さは違うよ。
> T では長さを測ってみましょう。

　まず，判断を価値づけ，そのまま仲間分けさせます。しかし，色は同じだけど長さで分けたときはちがうという意見も出てきます。長さと色という複数の視点が出たところが，整理の必要な場面となります。

> T 色で分けたときと，長さで分けたときでは，仲間が変わっちゃうんだ。
> C 長さはIは2つの辺が等しいけど，Jは等しい辺がない。
> C 色で分けたときは，IもJも①の仲間とみれる。長さで分けたときは，Iは②の仲間，Jは③の仲間になる。

　こうして注目するところによって，仲間になる図形が変わることを理解していきます。

整理思考　創造思考　147

展開 4-2 創造思考を生かしたまとめ

> **A** 新しい問題場面に出会うと，新しい仲間作りの観点を増やそうとする子どもがいます。例えば，辺の長さや色ではなく，角度に着目して仲間分けしようとします。

「色だとはっきりしない。<u>角の大きさで仲間分けすればいい</u>」 ← B 創造思考

　これまで仲間作りの観点としていた長さと色。その1つの色がなくなったことで，仲間分けの観点が曖昧になります。すると，新しい観点をみいだそうとする子どもがいます。この実践では，例えば角の大きさという観点です。

> **C** Iは山の形で②の仲間に近い。Jは斜めで③の仲間。
> **T** ○○さんは，どこを見て仲間分けしようとしてるの？
> **C** 角度だ。②の仲間は両方同じ角の大きさになっているからきれいな山の形。だから，斜めの辺が同じ長さになる。
> **C** ③の仲間は全部違う角の大きさだから，三角形が斜めになる。だから長さもバラバラだ。

　創造思考を働かせた子どもの発言は，理解されにくい傾向があります。これまでの文脈にはない思考だからです。そこで教師は「どこを見ているの」のように，観点を明らかにする問い返しを行います。

　角の大きさという新しい観点で，仲間分けした図形を見直すことで，辺に色のついていないIとJの三角形も納得して仲間分けすることができます。辺の長さとの関連も（底角と長さが等しい2辺など）話題になり，仲間分けの理解を深めることにつながります。

　最後に，①の仲間のように3辺の長さが等しい三角形を「正三角形」，②の仲間のように2辺の長さが等しい三角形を「二等辺三角形」ということを教えます。

発展

　さらに，神経衰弱ゲームを進めていると，ペアができないカードが余った
り，順番が来る前にカードがなくなってしまったりして，カードの枚数をも
っと増やしたいと言い始めます。

> **T** どんなカードを増やしたいの。
> **C** 正三角形が３枚で，いつも１枚余るから増やしたい。
> **C** ３辺が違う長さの三角形も足りない。

　正三角形や二等辺三角形という名前を使って説明をする機会とします。そ
して，時間があれば，ほしい図形をカードにかかせてみます。正確に作図す
ることの難しさを実感した子どもと，次回は作図について学習すること確認
し授業を終えます。この神経衰弱の活動をさらに面白くすることが，図形を
作図する目的となるわけです。

　「今日の課題は辺の長さで仲間分けをすることです。だから，色や角度で分
けてはいけません。では，辺の長さを測りましょう」
という指導では，言われた通り仲間分けしているだけです。これでは，子ど
もが自ら観点を見いだして仲間と見ることができなくなるでしょう。

　その子らしい観点も認めて，「色で見ると……」「角度で見ると……」と整
理することで，各学級のらしさに応じて，その子らしい目の付け所も認める
ことができます。

　その上で，「辺の長さで見ると……」と長さを観点にして仲間分けした三角
形に名前をつけていけばよいのです。

　もちろん，辺の長さ以外に着目せずに進む授業もあるので，そのときは無
理に色や角度の観点を出す必要はありません。

分数の大きさ比べ 〔4年［分数］〕

4年「分数」の大きな目標

　本単元で，<u>基準となる1を揃えること</u>を大きな目標とします。量分数の学習を進めるとき「基準となる1」は無自覚になりがちです。自覚的に揃えられる子どもは，これまでの分割分数と量分数の違いを明らかにできるだけでなく，今後学習する異分母分数を含む計算や割合などの課題解決にも既有の知識を生かすことができるようになります。

　問題提示

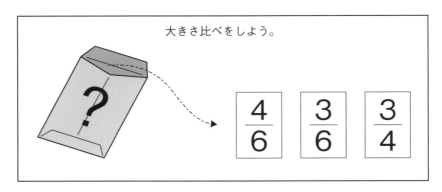

　袋の中にカードが複数入っていることを確認させ，$\frac{4}{6}$，$\frac{3}{6}$，$\frac{3}{4}$ を取り出します（ランダムを装って意図的にこの3枚を引きます）。そして，「どれとどれなら簡単に比べられますか」と問います。

　子どもが同分母だから $\frac{4}{6}$ と $\frac{3}{6}$ の2つが比べやすいと答えます。

　子どもは，円の図，テープ図，リットルます図等，様々な図を用いて大きさを確かめます。これまでの学習で扱った長さやかさなど様々な量を表す問題場面をそれぞれイメージしているためです。

その中からテープ図を使った子どもを取
り上げて黒板にかかせ，比べ方を共有させ
ます。テープ図にするのは，次の比較で問
いを引き出すための布石です。

こうして，$\frac{4}{6}$ の方が大きいことをみんな
で確認します。

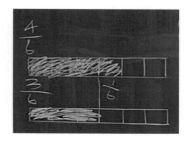

展開 2 焦点化

その後，「次に比べやすそうなのはどれとどれですか」と問います。多くの
子どもが，$\frac{3}{6}$ と $\frac{3}{4}$ を選びます。同分母の分数のときより迷いや難しさを感じ
ていることを共有し，図をかいて一人一人ノートで確かめる時間を設定しま
す。

右の図はある子どもがリットルますの
図をかき，その大きさを確かめたノート
です。高さを比べることで $\frac{3}{4}$ が大きいと
判断するとともに，単位分数の大きさが
違うことを理由として説明しています。

しかし，「単位分数のいくつ分」という
考え方を誤って用いる子どもも少なからずいます。例えば，次のような図を
かいている子どもです。

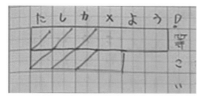

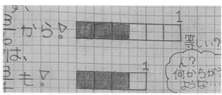

これは，分割分数と量分数の意味を混同して活用している子どもの姿です。
そこで，方眼の黒板を用意し，この誤った考えを私から提示します。そして，
次のように問います。

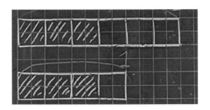

T このような図をかいた人の気持ちは分かる？

C 最初（$\frac{4}{6}$ と $\frac{3}{4}$ の比較）はこれで分かったから，今回もこれで分かるだろうと思ったんじゃないかな。

C さっきの図はどっちも分母が6で，1mを6等分した数だから，ここの部分（単位分数）は等しくていい。今回の $\frac{3}{6}$ と $\frac{3}{4}$ のこの図は，分母が同じじゃないので，分けた数の1つ分の数が違ってくる。これは1mを分けていて，これは1mじゃない数で分けているので，そこが違うと思う。

T 1mなのと1mじゃないのがあるってこと？

　このように，図をかいた子どもの根拠が，単位分数の大きさを1マスに揃えようとしているということを理解した上で，修正の必要性を子どもが訴え始めました。

　こうして，全体量の1の長さが2つの図で揃っていないことが，図の問題点であることを全員で確認することができます。そこで，どうすれば解決できるかを問い，1が揃っていない図を，1が揃うようにどのように図を修正して比べるかに課題を焦点化します。

展開 3 練り上げ

　子どもは，図をかき，次のように説明します。

このようにかくと，これで1が揃いました。
この図を見ると，$\frac{3}{6}$ より，$\frac{3}{4}$ の方が大きいことが分かります。

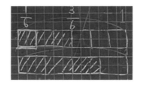

この説明について，正確に等分できているか確認します。図を基に，等分する数によって単位分数の大きさが変わることや，分母が違っても同じ大きさを表す分数があることに目を向けさせ，大小比較に活用できることを引き出すためです。子どもは図の下に図をかき足し，次のように説明をします。

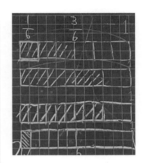

C $\frac{3}{6}$ は $\frac{6}{12}$ ということもできますよね。どちらも半分と見れば，同じっていうのは分かります？

C ここ（半分の場所）っていうのは，$\frac{6}{12}$ でもあり，$\frac{3}{6}$ でもありますよね。

C ほう，面白い。

T どこが面白い？

C 6 等分というのが 12 等分ともつながる。さっき話していた $\frac{3}{6}$ とつながること。

このような話合いを通して，$\frac{3}{6}$ は $\frac{6}{12}$，$\frac{3}{4}$ は $\frac{9}{12}$ と言い換えられるという考えが共有されます。分数は同じ大きさでも多様な表現ができるという特性があることを学びます。

ここで，「結局，分子が同じで分母が異なる分数はどのように大きさを比べればよいと言えますか」と問います。子どもはその子らしく思考し，学習内容をまとめ始めます。例えば，次のような姿です。

 まとめ場面での分岐

A

置換思考
"わかりやすい図に
置きカエルと……"
対象を置き換える思考

B

汎用思考
"分母が同じ分数の
考えをイカすと"
一般化させる思考

展開 4-1 置換思考を生かしたまとめ場面

> **A**　話題になったことを，自分が分かりやすい形に置き換えて考える子どもです。例えば，「私はテープ図を円の図に置き換えて考えよう」とする思考が働きます。

　全体を1に揃えて比べることが大切であることを理解すると，自分にとって説明しやすい図に置き換えて考える子どもがいます。◀ **Ａ 置換思考**

　例えば，右の子どもは，リットルますの図をかき，

「同じ1Lを6つにわるより1Lを4つにわった方が大きい」

とまとめています。

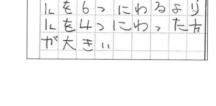

　これまで長さで説明していた場面を他の場面に置き換えて説明することで理解の抽象度が上がります。

　同じように，テープ図を箱に見立てて，その中におまんじゅうが並んでいるとイメージする子どももいます。同じ箱の中に，おまんじゅうが6こ入る場合と4こ入る場合では，その一つ分の大きさが異なることを説明しています。

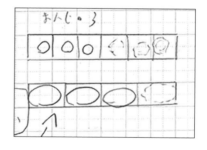

　1Lや1箱など複数の場面で全体の1を揃えて比較することが大切であると理解することで，同分子のときは，分母の数（等分する数）が小さい方が数としては大きいと，汎用性の高いまとめができます。

展開
4-2 ## 汎用思考を生かしたまとめ場面

 B

> 他の場面と同じことだと汎用的な理解を進めようとする子どもです。例えば，「分母が同じ分数の比べ方をイカして考えよう」とする思考が働きます。

　全体の 1 を揃えて比べるとき，$\frac{3}{6}$ は $\frac{6}{12}$，$\frac{3}{4}$ は $\frac{9}{12}$ と同じであることを理解すると，<u>これまでの学習と同じように捉えることができないかと考える</u>子どもがいます。

◀ B) 汎用思考

　この場合，導入で $\frac{4}{6}$ と $\frac{3}{6}$ を比較したとき，同分母の分数は分子が大きい方が大きいことを確認しています。分母が異なるときは，分母が同じ分数に置き換えてしまえば，導入の問題と同じように解決できるとまとめます。

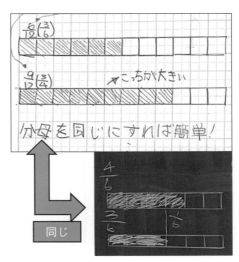

展開
5 ## 発展

　子どもは，残っている $\frac{4}{6}$ と $\frac{3}{4}$ の大小比較に目を向けます。

「これも全体の 1 を揃えて比べればできそう」

「分母を同じにすれば，大きさをはっきりさせられそう」

　と，まとめた方法で解決できると確かめ始めます。実態に応じて，袋の中に残っているカードを引かせて，取り組ませるのもよいでしょう。

同じ形に見えてきた　4年[面積]

4年「面積」の大きな目標

　面積の学習を通して学んでいるのは，<u>構造に着目し既習の図形と同じとみること</u>と言えます。例えば，複合図形の面積について考える場面では，複数の長方形や正方形が組み合わさってできた図形であるという構造に着目し，「同じとみる」という学び方を学ぶ場面と捉えられます。5年生では平行四辺形や台形を，6年生では円を，三角形が組み合わさってできた図形であるという構造に着目することで「同じとみる」ことができます。

展開 1　問題提示

「面積を答えましょう」と発問し，袋の中から図形を出していきます。

① 2cm / 6cm

② 5cm / 5cm

③ 5cm / 7cm

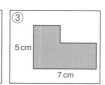
④ 2cm / 7cm

Ｔ 面積を求めましょう（ゆっくり袋から図形を出していく）。
　① を出す　Ｃ 12cm² だ。簡単。
　② を出す　Ｃ 25cm²。
　③ を出す　Ｃ ん？　分からない。
　④ を出す　Ｃ えー，ずるい。

子どもの反応は，①②の時と③④で変わります。①②は前時までに学習している内容ですし，③④は面積を求めることを問われることは初めての図形です。ここは「まだ習っていない」「経験がない」ということに留まらず，図形としてどのような違いがあるのかを話題にしていきたい場面です。

展開2 焦点化

そこで，次のように問い，図形としての違いを明らかにします。

> T 面積を求められる図形と求められない図形は，何が違うのですか。
> C 求められる図形は，きちんと長方形や正方形になっている。
> C 長方形や正方形は，たて×横をすれば面積が求められる。
> T こっち（③④）もたてや横の辺の長さは分かっているけど。
> C 欠けたり穴があいたりしているから長さが足りない。

こうして，正方形や長方形のように「縦×横」では求められない，「凸凹した形の面積の求め方を考える」ことに課題を焦点化します。

そして，どのように求めたらよいか，考える時間をとります。

展開3 練り上げ

子どもはまず長方形や正方形が見えやすい図形に分け始めます。その考えの式だけ発表させ，それぞれの数の意味を問います。

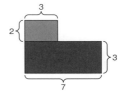

> C 2×3＋3×7だと思います。
> T 2×3って，何を求めている式ですか？
> C 上の長方形の面積を求めています。
>   縦が2cmで横が3cmです。
> C 3×7は下の長方形。縦が3cmで横が7cmです。

整理思考　適用思考　157

同じように，縦に分割する方法も全員で解釈することを促します。そして，どちらの方法でも27cm²になることを確認します。

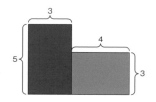

ここまでで子どもは，「縦に分けると」「横に分けると」と，手順のようにしか理解していない可能性があります。そこで次のように問い，大きな目標に向かわせます。

> **T** 縦に分けたり，横に分けたりすると，どうして面積を求めることができるようになったの？
> **C** 分けると，長方形になるから。
> **C** どっちも長方形が二つになっている。
> **C** 求められないときは求められる形に変身させればいいんだ。

面積が求められなかった図形が求められるようになる理由を問い，「長方形や正方形に変身させている」という二つの方法の共通点を見いださせます。このことが見えると，三分割にするようなアイディアも出されたりします。

ここで，まとめの時間をとります。凸凹した図形の面積の求め方は長方形や正方形のような形に戻せば良いと結論づけます。子どもはその子らしく思考し始めます。例えば，次のような姿です。

ポイント

まとめ場面の分岐

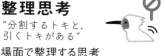

A

整理思考
"分割するトキと，
引くトキがある"
場面で整理する思考

B

適用思考
"別の形も同じよウニ
求められそう"
既知の考え方を適用する思考

整理思考を生かしたまとめ

> A
>
> 複数の視点や方法で問題解決に取り組んだとき，そのことを整理してま とめようとする子どもです。例えば，この場面では図形を分けるときと 図形をひく時があると，整理して考える子どもです。

　長方形や正方形と見ることができない方法もあります。

　例えば，右のように線を引いて面積を求めていた子ど もの中には，「自分の考えは長方形や正方形に分けたト キとはちがう」◀ A 整理思考　と考える子どももいま す。このような場合は，子どもの違和感を優先して，「で は，この方法は長方形や正方形に変身させないで，どのように求めているん だろうね」と問い返し，全員で解釈する時間をとります。

> C 多分，欠けているところを後でとっちゃうんだと思う。
> C 式が分かるよ。5×7—2×4だと思う。
> C 5×7が大きな長方形で，2×4が小さな長方形だね。
> C あれ，この方法も結局は2つの長方形に分けているんじゃない？
> C やっぱり長方形に変身させているんだ。

　このように，新しいと思っていた考えも2つの長方形 の組み合わせで作られていることが明らかになります。 そして，この組み合わせ方は，まだ解決していない，穴 あき型の図形（④）にも適用できることが分かります。

　こうして，複数の視点を整理することで，「長方形や 正方形と同じとみる」という共通点を見い出し，同じ方 法とまとめることができます。

適用思考を生かしたまとめ

 B

> 解法をまとめると，他の場面でも同じように解決できるかなと考える子どもです。この場面では，穴あき図形でも同じように分割できるかと考える子どもです。

　L字形で解決すると，「<u>あの図形も同じように分割すれば面積が求められる</u>」 ◆ B （適用思考） と右の図形に目を向ける子どもがいます。しかし，これまでのように分割することに難しさを感じます。そこで，大きな長方形から小さな長方形を引く新しいアイディアが出されます。
解決方法を確認していると「L字型と同じだ」という声が聞こえ始めます。

> Ｔ 同じという言葉が聞こえてくるけど，何が同じなの？
> Ｃ 面積が同じ。どっちも27cm²だ。
> Ｃ 式も同じだよ。どっちも $5 \times 7 - 2 \times 4$ だよ。
> Ｔ 偶然だね。全然違う形なのに，同じ面積や同じ式になることがあるんだね。不思議。
> Ｃ 偶然じゃない。変身させている長方形が一緒なんだよ。

　二つの異なる図形の面積を求める式が同じになることをきっかけとして，その理由に焦点づけて考えさせます。こうすることで，どちらも同じ2種類の長方形の組み合わせでできていることへの気付きを促します。

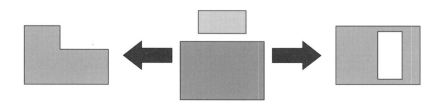

2種類の長方形をつかって，L字の図形と穴あきの図形を作って見せると，「小さい長方形を動かしているだけだから，面積も式も変わらないんだ」と図形を動的に見始める子どもが表れます。すぐには動的に見えない子どももいるので，実際に図形を動かしながら説明させるとよいでしょう。動く状況を見ることで，同じ長方形を動かせば「だったら，他にもある」と声を上げることを期待して待ちます。小さな長方形が動いている過程にも，様々な図形があることに気付くのです。

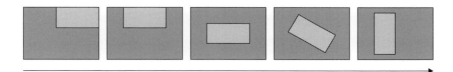

　そこで，「同じ長方形を二つ重ねてできる形を作ってみよう」と投げ掛けます。子どもは，複数の図形を作り，面積が変わらないことを確認します。凹形の図形は，よく単元末の問題にのっているような図形です。これが，様々な別々な図形なのではなく，二つの長方形が組み合わさってできた形と捉えることができるようになることは，構

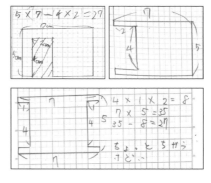

造が同じであることを理解することにつながります。

　さらには，「小さな長方形を分けて考えてみてもよいですか」と尋ね，右のような図形を作る子どももいます。

　こうして，子どもが作った図形を並べ，「形は違ってもどれも同じ二つの長方形を組み合わせてできた形」と捉えられるようになるのです。

台形の面積の求め方   5年［基本図形の面積］

5年「基本図形の面積」の大きな目標

　基本図形の面積公式について，4年生の学習を発展させ，平行四辺形・三角形・ひし形・台形などの面積の求め方を学習します。そのとき，例えば，平行四辺形の「底辺」と「高さ」が，変形させた長方形の「横」や「縦」の辺と対応するなど，図形を構成する要素に着目し既習の図形と同じとみることが大切です。単元を通して，既習の図形に変形させる活動を組織し，同じとみることを意識した指導を構想します。

　導入で，平行四辺形の面積を求めるとき，長方形に変形させて面積を求める方法が出されます。「未習の図形は既習の図形に変形させて求める」ことを価値付け，三角形を考えるときにも，「長方形に変形できるかな」と問い掛けながら面積の求め方を考えさせます。もし三角形で導入するときは，「三角形に変形できるかな」でもよいでしょう。

展開 1  問題提示

台形の面積を求めましょう。

・方眼線の上に台形を提示する

・方眼の1辺は1cmとする

　方眼の上に提示することで，$1\,\mathrm{cm}^2$ のいくつ分か数える思考を引き出します。これまでも，測定領域の学習（長さや重さ等）で「単位のいくつ分」を学んできているので，既習を生かしている価値ある姿です。しかし，図形の大きな目標からすると，「既習の図形と同じとみる」ことを中心に考えられるようにしたいと考えます。

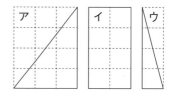

展開 2 焦点化

「単位のいくつ分」で考えるとき，台形を下のようにア，イ，ウと3分割して考える子どもがいます。

イは8cm²と分かります。アとウは直角三角形になるので，これも既習を生かしてアは4×3の長方形の半分で6cm²，ウは4×1の長方形の半分で2cm²と求められます。合わせれば8＋6＋2で16cm²です。このように既習だけで解決できてしまう方法は，他の方法と並列に扱わず，先に取り上げて共有してしまいます。本時の大きな目標につながる思考に焦点化していくためです。

> Ⓒ 別の方法がある。3つに分けないで全て長方形にできる。
> Ⓒ そうそう，私も他の方法で長方形に変身させた。
> Ⓒ 長方形に変身すれば，いつでも求められる式にできるかも。

このような思考が子どもから出るには，本書で掲げているような大きな目標を意識して繰り返し指導することが大切です。さらに，本単元の導入から，平行四辺形を長方形に変形させることで，求積方法を「底辺×高さ」と一般化することや，三角形を長方形の半分と見ることで「底辺×高さ÷2」と一般化することを子ども自身が学習していることが大切です。

もし，この場面で子どもから引き出すことが難しければ，教師から「長方形に変身して面積を求めることができるかな」等と問うて，このような思考に焦点化させていくことが重要です。

展開 3 練り上げ

子どもが台形を長方形に形を変える方法は複数あります。様々な考えを，ただ発表させるだけでなく，次のように解釈させながら進めます。

T これ（図エ）は，どのように長方形に変身させたかわかりますか。

C わかる。3分割したときのアとウの三角形を長方形にした。

$2 \times 2 + 2 \times 6$

次は，式を提示して図を予想させます。

T $4 \times 4 = 16$という式にした人は，どんな長方形に変身させたのかな。

C 4×4だから正方形だよね。

C さっきの逆にしたんじゃない？

4×4

平行四辺形に倍積変形し，その後，長方形を見いだす子どももいます。このように考えると，台形の面積は，4×6の長方形の面積の半分であることがわかります。カの状態で終わらせず，キの長方形まで見付けさせることで，平行四辺形から長方形に変形することも，改めて復習することができます。

解決の方法を一通り解釈できたところで，新しい形を提示します。そして，「どこの長さが分かれば面積が求められるか」を問います。考える時間をとると，子どもはその子らしく考え始めます。

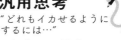

 ポイント

 まとめ場面での分岐

A

堅実思考
"１つずつたしカメていこう"

帰納的に検証する思考

B

汎用思考
"どれもイカせるようにするには…"

一般化させる思考

展開
4-1 **堅実思考を生かしたまとめ**

> A
> 考えられるケースを1つ1つ順に考え，丁寧に結果を得ようとする子ど
> もです。例えば，この場面では，方法ごとに，必要な辺の長さを明らか
> にしようと考えます。

　子どもが「エをやり方だと…，オのやり方だと…」と1つ1つの方法ごと
にたしカメようとする ◀ (A) 堅実思考 ときは，図と式との対応を確認しなが
ら，それぞれを追究していきます。

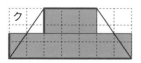

　　　　　　　エと同じように考えた場合は，使っている辺は左
　　　　　　　図に示した4辺となることを明らかにすることがで
　　　　　　　きます。エとクの具体から，求め方をまとめると次
　　　　　　　のようになります。

（上底×高さ÷2）＋（下底×高さ÷2）

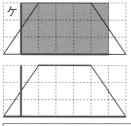

　　　　　　　オと同じように考えた場合は，使っている辺は左
　　　　　　　図に示した2辺です。しかし，ケの長方形の横の長
　　　　　　　さは，台形のどの長さにあたるか明確にされていま
　　　　　　　せん。「どのように求めるのか」と問い返せば，台
　　　　　　　形の上底と下底の長さの平均であることを明らかに
　　　　　　　できます。

（上底＋下底）÷2×高さ

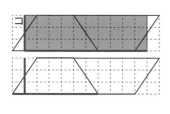

　　　　　　　カと同じように考えた場合は，使っている辺
　　　　　　　は左図で示した2辺です。しかし，コの長方形
　　　　　　　の横の長さは，台形のどの長さにあたるか明確
　　　　　　　にされていません。追究することで，台形の上
　　　　　　　底と下底の長さの和であることを明らかにでき
　　　　　　　ます。

（上底＋下底）×高さ÷2

展開 4-2 汎用思考を生かしたまとめ

> **B**
>
> 他の場面でも生かせる形でまとめておこうとする子どもです。例えばこの場面でだと，複数の方法の共通点を見いだして，より汎用的な形でまとめようと考えます。

　汎用思考を働かせる子どもは，一度これまでの具体的事例をまとめて抽象化しようとします。例えば，新しい図形を考える前に，エ〜キの具体的な方法をまとめて他の場面でもイカせるようにしようと考えるわけです。◀ **B** 汎用思考「どこの長さが分かれば……」と問うことで，"面積を求めるために必要な長さ"という視点で，エ〜キを見直します。そして，いつも使っているのは，上底と下底と高さにあたる3つの部分の長さだと抽象化してまとめます。

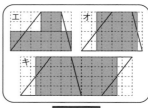

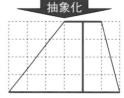

　その後，新しく提示された台形を考え始めます。このとき，働かせている思考は，「形の異なる台形も，3つの部分の長さで面積を求めることができるか」と，抽象化してまとめたことを具体で確かめようというものです。

　確かめるときには，結局，前ページにあるク，ケ，コのような方法をもちだします。しかし，思考の目的は大きく異なります。汎用思考を働かせる子どもの目的は，1度抽象化してみて，

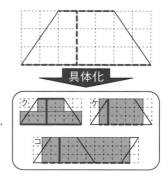

その後，具体に下ろして確かめる思考です。目的が"抽象化"にあるところが，難しい思考ではありますが，算数科としてより本質的な思考であり，子どもにぜひ働かせてほしい思考です。

　どちらの思考（堅実思考，汎用思考）で追究しても，最終的には，上底と下底と高さの３つの長さが分かれば求められるとまとめます。

　教科書等には，「（上底＋下底）×高さ÷２」という，公式が紹介されています。私は，無理矢理この公式に一本化することを急がない方がよいと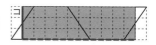思います。例えば，コのように考えると，この公式の意味に直結し，理解することができます。

　私が授業をしたとき，ケをみて，「面積は『中央線×高さ』で求められる」とまとめた子どもがいました。この方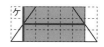法もどんな台形のときも使える求め方であり，子どもの心に残る方法です。式変形によって全ての方法を「（上底＋下底）×高さ÷２」にまとめることもできます。しかし，急いで一本化するがあまり，子どもが作った方法は使えない，意味がないなどと感じさせてしまったら本末転倒です。

　台形の面積を求めるとき必要な長さは３つ（上底，下底，高さ）。その３つを，「上底と下底をたすこと」「半分にすること」「高さをかけること」が共通していることに気付けるように指導したいと考えます。

発展

> **T** どんな台形でも，この方法で面積が求められるかな。
> **C** たぶん……。でも変な形の台形だと，使えないかもしれない。

　一般化できるかどうか確かめたいという気持ちを確かめた後，それぞれがイメージしている。"変な形の台形"を作図させます（右が作図例）。

作図例1

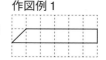

　その後，自他の作図した台形をクラウド上で共有し，面積を求めさせます。子どもは授業で確認した方法が使えるかどうか確かめます。作図した子どもと解決した子どもで解決方法を確認することで，より納得できる形で方法を一般化していきます。

作図例2

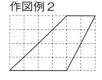

式はいくつ？ (2年「ひき算の筆算」)

2年「ひき算の筆算」の大きな目標

　計算領域では正しく答えを出すことと同じくらい計算の性質を見いだすことを大切にします。本実践中の，差一定の式に成り立つ法則を追究する中で発揮される関数的な見方は，様々な計算領域で発揮されるものです。ある数値を変えると結果はどのように変わるか，変わらないものはあるか，このように考えて追究することが，算数の理解を深めたり，算数を楽しんだりする態度を育てることにもつながると考え，授業を構想しました。

問題提示

> □の中に数字を入れて
> 答えが5になる筆算を作ろう
>
> 　　□□
> －　　□
> ───
> 　　　5

　問題を提示し，「どんな数字を入れたら答えが5になるかな」と問います。子どもの質問を受け，□の中には1つずつ数字が入ることや十の位には0が入らないことなどルールを確認します。子どもの質問が出てこなければ，まずやらせてみましょう。問題提示で大事にしたいことは，子どもが自分で問題やその条件を読みとるということです。仕掛けて待って，自ら質問をしてきたことを価値づけます。

　しばらく考える時間を確保し，クラスの半分くらいが何らかの式を見付けたタイミングで，全体で共有する時間をとります。「10－5」と見付けた式を提示用の用紙に書き込み，黒板に貼っていきます。筆算の仕方や答えも確認します。「まだ式がある」という声を受けて，「13－8」「11－6」と出された順に貼っていきます。教師が適当に貼っていると，「10－5」の次に「11－6」を貼ったり，「11－6」と「13－8」の間を空けて貼ったりする子ど

もが出てきます。

| 10
− 5
5 | 13
− 8
5 | 11
− 6
5 | ➡ | 10
− 5
5 | 11
− 6
5 | | 13
− 8
5 |

T どうして，"勝手に" 並び替えたと思う？

C 分かる。1つずつ増えるように並べているんだよ。

C ひかれる数が1ずつ増えている。だから10の次は11。

C ひく数も1ずつ増えているよ。5の次は6。

T でも，11の次は12じゃなくて13になっているよ。

C そう，そこに12が入る式がまだあるの。

　授業導入では適当に数を当てはめていた子どもも，ひき算の性質を用いて式を探し始めます。そして，「差が5の式は，全部で5つあること」と「ひかれる数とひく数を1ずつ増やしても差は変わらないこと」を確認します。

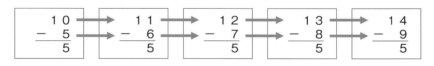

展開
2
焦点化

| □を増やしました。式はいくつできるかな？
A：5つより多い　B：5つ　C：5つより少ない | □□□
− □□
5 |

　子どもの意見は分かれます。Aを選択する子どもが多い傾向があります。□が増え，数が大きくなる分，式の種類も増えると考えるようです。

　予想を聞いた後は，確かめる時間を設定します。子どもの素朴な感覚に寄り添うならば「どのくらい式が多くなるんだろうね」と期待を掛けた方が，追究意欲に火がつくでしょう。

　子どもは一生懸命調べます。その過程で，右のような間違いをする子ども

もいます。このような場面では，教師が子どもの間違いを批判する側に立つのではなく，「式は５つ以上見つかりそうだね」と間違えた子どもと同じ側に立つと，間違えた子どもは孤立せず安心して考えを表現できます。そして，周りからの指摘を受けて修正に取り組めば，より確かな理解につながっていきます。

```
  1 8 5
-   9 0
      5
```

　最終的に，５つ以上式が見つからないことを共有します。子どもは予想に反して式の数が増えないことに驚き，疑問をもちます。そこで，□が増えても式の数が増えない理由に問題を焦点化していきます。

展開 3　練り上げ

まず，全ての式を確認します。

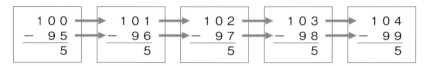

```
1 0 0     1 0 1     1 0 2     1 0 3     1 0 4
-  9 5    -  9 6    -  9 7    -  9 8    -  9 9
     5         5         5         5         5
```

> **T** どうして，この５つしかないと言える？
> **C** だって，さっきと同じだから。
> **T** さっきとどこが同じと言えますか？
> **C** １ずつ増えているところ。今回も 100 － 95 が見つかれば，あと４つもすぐ見つかる。
> **C** ひく数が 100 になったらルールから外れちゃう。

　２位数－１位数の計算を基に，ひかれる数とひく数をそれぞれ１ずつ増やしていくことで答えが５になる式が見つけることができること，そしてその仕組みを用いると問題の条件に合っている範囲が明らかになることを説明します。

　また，右のような２つの式を並べ，ひかれる数もひく数も 90 ずつ増えていることを発見する子どももいます。導入で見つけた ５つ式をそれぞれ 90 ずつ増やすと５つの式になることを説明します。

展開 4 まとめ

　ひかれる数とひく数を1ずつ増やしても90ずつ増やしても同じ答えになる事実を共有し，焦点化した課題の結論を尋ねます。

> **T** 調べたことから，なぜ式の数は変わらず5つと言える？
> **C** ひかれる数とひく数に同じ数を増やしても答えは変わらない仕組みは一緒だから，できる式の数も変わらない。
> **C** いつも5つだよ。1増やしても90増やしても同じこと。

　こうして，ひき算の性質を根拠に，式の数が変わらない理由を子どもの言葉でまとめます。

　1つの課題に対して結果が出たとき，「だったら次は何を考えたい」と問うてみるとよいでしょう。子どもは自分で自分に適切な追究課題を決めることができます。「だったら」と問うことで，授業中に追究してきたことやまとめを基にすることも意識され，授業中にみんなで考えてきた大きな目標から外れることもありません。

　本実践の場合，次のような思考が発揮され，追究を深めていくことが想定されます。

ポイント

 発展場面での分岐

A

堅実思考
"桁を変えて全てたしカメよう"
帰納的に検証する思考

B

批判思考
"差を変えたら5にならないカモ"
ある考えを批判的に捉える思考

堅実思考を生かした発展場面

> A
>
> まとめの確からしさを事例を増やして追究したくなる子どもです。例えば、「□を増やしたり減らしたりしても式は5つか」と確かめる思考です。

（2位数）－（1位数）＝5の式は全部で5つ。

（3位数）－（2位数）＝5の式は全部で5つ。

　この結果から，桁数を1つずつ増やして，例えば，「<u>（4位数）－（3位数）＝5</u> <u>の式も全部で5つかたしカメたい</u>」と考える子どもがいます。 ◀ A) 堅実思考

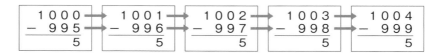

　この時も，ひかれる数とひく数を1ずつ増やして考える子どもと，900ずつ増やして考える子どもがいます。どちらも仕組みを活用している姿です。

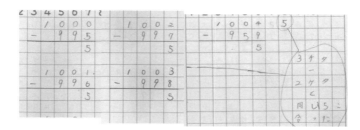

　さらに□の数を減らしたらどうなるかということを追究する子どももいます。例えば，「（1位数）－（1位数）＝5の式は全部で5つかな？」と考える子どもです。

　右のように，仕組みを活用し，10－5はルールから外れることまで説明します。

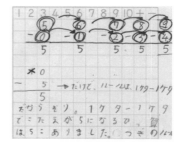

展開 5-B 批判思考を生かした発展場面

B「だったら，別の場面では式の数はどのように変わるのかな」授業中は□の数を変えたので，筆算の他の条件を変えて調べようとする子どもです。

「差が7だったら，式は5つじゃないカモ」と，まとめのようにならない場面を考えようとする子どもがいます。◆ B 批判思考

10 − 3 7	11 − 4 7	12 − 5 7	13 − 6 7	14 − 7 7	15 − 8 7	16 − 9 7

　式は全部で7つ見つかり，子どもは驚きとともに大喜び。差が5のときは式が5つ，差が7になると式が7つと，式の数と差の関連が見つかったからです。ひかれる数とひく数を同じ数ずつ増やす仕組みを使いながら，「17−10にするとひく数が2桁になっちゃうからこれ以上はだめ」と全部で7つしかない理由も説明します。「だったら差が8のときは8つ？」「差が10のときは10なのかな？」と追究がとまらなくなります。

　このように問題の条件を変えて追究する思考は，差だけでなく「たし算にしたら？」「かけ算にしたら？」と，追究を広げていくことにもつながります。

「だったら」をきっかけに，その子らしい頭の働かせ方を発揮して多様に追究しても，どの追究にもひかれる数とひく数を同じように変化させても差は変わらないというひき算の性質が活用されています。こうして，ひき算の計算技能の習熟を図ると同時に，関数的な見方を働かせて，**計算の性質を追究していく力を育成**することができます。

どのようにまとめる？ 3年[表とグラフ]

3年「表とグラフ」の大きな目標

　本単元は，身の回りにある事象について観点を定め，データを分類整理して表や棒グラフに表し，データの特徴を捉えて考察したり，見いだしたことを表現したりできるようすることをねらいとしています。子供が目的をもち，自分で観点を決めて，目的に合った方法で整理し，表の意味を理解することが大切です。子供が目的を強く意識するために，総合的な学習の時間と横断的に学習する授業を構想しました。

　総合的な学習の時間で，地元の伝統菓子である笹団子について学習してきました。その後自分たちが学習してきたことを，地域の人がどのくらい知っているか，街に出てアンケート調査をしました。

 展開 1 **問題提示**

調査結果をグループごとにまとめよう。

　子どもはグループごとに別々の場所（市内6箇所）にいき，右のアンケート用紙に記入してもらう形で調査に出かけました。それぞれのグループには回答済みのアンケート用紙が数十枚ずつあります。

そこで集めてきた結果をグループごとにまとめていくことにしました。子どもは一枚一枚のアンケート用紙を見ながら、「正」の字を書きながら集計していきました。

表1：各グループの集計結果

1グループ

しつもん	はい	いいえ
①笹団子は好きか	34	4
②作ったことはあるか	8	30
③材料は知っているか	17	21
④材料はいつ、どんなところでとるか	15	23
⑤何しゅるいか	35	3
⑥食べごろは何月か	37	1
⑦なぜ、新潟で作られるようになったか	13	25
⑧どんなときに作って食べていたか	22	16

2グループ

しつもん	はい	いいえ
①笹団子は好きか	46	4
②作ったことはあるか	19	27
③材料は知っているか	31	15
④材料はいつ、どんなところでとるか	18	28
⑤何しゅるいか	22	24
⑥食べごろは何月か	28	18
⑦なぜ、新潟で作られるようになったか	8	38
⑧どんなときに作って食べていたか	19	27

3グループ

しつもん	はい	いいえ
①笹団子は好きか	36	4
②作ったことはあるか	15	25
③材料は知っているか	25	15
④材料はいつ、どんなところでとるか	19	21
⑤何しゅるいか	8	32
⑥食べごろは何月か	27	13
⑦なぜ、新潟で作られるようになったか	8	32
⑧どんなときに作って食べていたか	16	24

※4～6グループも同じように集計

子どもは自分のグループで集めたアンケートの結果に一喜一憂しながら、上のようにまとめていきました。また、他のグループのまとめた結果と自分たちの結果を見比べながら、同じような傾向のところと、異なる傾向が表れているところに着目し、データを分析し始めました。

展開
2
焦点化

「6つのグループのそれぞれの集計結果は分かりました。これ全体を合わせるとどういう結果になるでしょう。」

> C えぇ，先生それなら早く言ってよ。最初からやり直しじゃん。
>
> C また一枚一枚集計していかなきゃ。
>
> C そんなことしなくても大丈夫だよ。グループでまとめたのをまとめればいいんだよ。

　子どもはグループで行った集計作業を，また全体でやり直すことを考えます。しかし，考えを交換し合う中で，それぞれの集計結果を使えば，まとめられるという見通しをもちます。そこでそれぞれ集計した結果をどのようにまとめていくのかという方法に課題を焦点化します。そして，二次元表にまとめていくことをみんなで考えていきます。

展開
3
練り上げ

　各グループで整理したものを全体にまとめていく方法を問います。子どもは，整理した表の共通点や相違点に目を向けます。

> C 質問した項目は一緒だよね。
>
> C でも順番を揃えれば，横に並ぶ。
>
> C 項目ごとに合わせれば，一枚ずつ数えなくてもたし算で，合わせられるね。
>
> C でも，「はい」と「いいえ」があるからややこしい。「はい」だけ集めればいいんじゃない。「いいえ」は計算でわかる。

　このような検討を経て，各グループの「はい」の項目だけ集めて，項目ごとに整理して並べて，集計することにしました。

表2：各グループの「はい」を集めた結果

しつもん	1グループ	2グループ	3グループ	4グループ	5グループ	6グループ	合計
①笹団子は好きか	34	42	36	47	52	37	248
②作ったことはあるか	8	19	15	9	21	7	79
③材料は知っているか	17	31	25	24	21	27	145
④材料はいつ,どんなところでとるか	15	18	19	23	17	9	101
⑤何しゅるいか	35	22	8	21	17	10	113
⑥食べごろは何月か	37	28	27	32	25	27	176
⑦なぜ,新潟で作られるようになったか	13	8	8	15	11	8	63
⑧どんなときに作って食べていたか	22	19	16	24	18	13	112
合計	181	187	154	195	182	138	1037

まとめ

　子どもは，各グループの合計から，必要な情報を抽出して整理することで全体の結果を二次元表にまとめることができました。そして，合計を見て，「笹団子は好きな人が多いのに，作ったことがある人やなぜ新潟で作られるようになったのかについては知っている人が少ない」「半分以上知らない項目もたくさんあった」などと全体の傾向を掴むことができました。

　子どもはこの結果を受けて，「もっと多くの人に知らせたい」という思いを高めました。そこで，「だったら，誰にどんな内容を伝えたいと思っていますか」と問い掛け，考える時間を取りました。

ポイント
練り上げ場面の分岐

A

堅実思考
"『いいえ』も全てたしカメると……"
帰納的に検証する思考

B

整理思考
"伝える相手を決めるトキは……"
場面で整理する思考

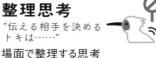

展開 5-1　堅実思考を生かした発展

もっている情報を全てまとめ，結果を確かめようする子供がいます。例えば，「はい」だけでなく「いいえ」についても表にまとめて結果を考察しようとする思考です。

「誰にどんな内容を伝えるべきか」という目的をもったとき，全ての情報にこだわる子どもがいます。「『いいえ』の数もたしカメないと，本当に街の人が知らないことがはっきりしない」。◀ A 堅実思考　このような子どもの発言を受けて，「いいえ」の結果についてもまとめる時間をとります。

表3：各グループの「いいえ」を集めた結果

しつもん	1グループ	2グループ	3グループ	4グループ	5グループ	6グループ	合計
①笹団子は好きか	4	4	4	5	8	6	31
②作ったことはあるか	30	27	25	43	39	36	200
③材料は知っているか	21	15	15	28	39	16	134
④材料はいつ，どんなところでとるか	23	28	21	29	43	34	178
⑤何しゅるいか	3	24	32	31	43	33	166
⑥食べごろは何月か	1	18	13	20	35	16	103
⑦なぜ，新潟で作られるようになったか	25	38	32	37	49	35	216
⑧どんなときに作って食べていたか	16	27	24	28	42	30	167
合計	123	181	166	221	298	206	1195

　子どもは，「合計は，『はい』より『いいえ』が多いこと」「3項目以外は半数以上知らないこと」など，まとめた2つの表から分かることを共有し，伝える内容を吟味していきました。

整理思考を生かした発展

目的に応じて観点を変え，整理しようとする子どもがいます。例えば，伝える相手を決めるトキは年齢の観点で整理してまとめようとする思考です。

「誰にどんな内容を伝えるべきか」という目的をもったとき，整理の観点を変える子どもがいます。「若い人のトキとお年寄りの人のトキだと，知っていることが違った」「この表だと分からないから年齢ごとに整理しなおした方がいい」◀ Ⓑ 整理思考　年齢別に分けて集計しなおす時間を取ります。

表3:年齢別の集計結果

～29歳まで

しつもん	はい	いいえ
①笹団子は好きか	60	10
②作ったことはあるか	4	66
③材料は知っているか	18	42
④材料はいつ，どんなところでとるか	8	62
⑤何しゅるいか	22	48
⑥食べごろは何月か	40	30
⑦なぜ，新潟で作られるようになったか	7	63
⑧どんなときに作って食べていたか	12	58
合計	171	379

30～59歳まで

しつもん	はい	いいえ
①笹団子は好きか	81	15
②作ったことはあるか	11	85
③材料は知っているか	39	67
④材料はいつ，どんなところでとるか	15	81
⑤何しゅるいか	33	63
⑥食べごろは何月か	31	65
⑦なぜ，新潟で作られるようになったか	24	72
⑧どんなときに作って食べていたか	22	74
合計	256	522

60歳～

しつもん	はい	いいえ
①笹団子は好きか	107	6
②作ったことはあるか	64	49
③材料は知っているか	88	25
④材料はいつ，どんなところでとるか	78	35
⑤何しゅるいか	58	55
⑥食べごろは何月か	105	8
⑦なぜ，新潟で作られるようになったか	32	81
⑧どんなときに作って食べていたか	78	35
合計	610	294

　子どもは「50代以上は分かっていることが多い」「若くなればなるほど，分からないことが増えていっている」など表から分かることを共有し，伝える対象を吟味していきました。

　総合的な学習の時間で集めたデータを，目的に合わせて整理することを算数で学びます。そして，算数の学習を発展させて活用する場面はまた総合的な学習の時間で行います。横断的に授業を構想することで，子どもの目的を重視したデータ活用の授業を行うことができます。

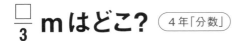

$\frac{\square}{3}$ mはどこ？ 4年「分数」

4年「分数」の大きな目標

分数の指導では<u>二つの1を理解させること</u>が大きな目標となります。一つは全体量の1，もう一つは単位分数としての1です。

量分数の学習では，全体量の1を前提としてしまっているため，子どもの1への意識が薄くなりがちです。$\frac{1}{3}$mの全体量は1mであることに無自覚になるのです。

二つの1の理解を押し付けるのではなく，目の前の子どもらしい分数の理解を生かして指導していくことを大切にして，展開を構想します。

 問題提示

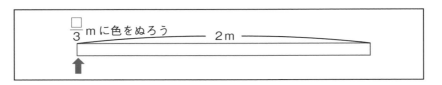

まず，2mの長さのテープを提示して，「$\frac{\square}{3}$mに色をぬろう」と問題を提示します。そして，初めに□に1を入れて，「$\frac{1}{3}$mに色をぬろうだったら，どこまでぬりますか。動かしていくからここだと思うところで手を挙げてね」と問います。

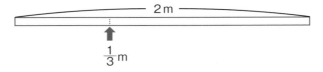

ほとんどの子どもは，全体を3等分した1つ分のところで手を挙げます。そこでその理由を問います。「全体を3等分した1つ分」であることを確認します。

　次に□の中に2を入れ，「だったら，$\frac{2}{3}$mはどこかな」と問います。子ども
は「分かる」と自信満々。「$\frac{1}{3}$mの2つ分なので」「だったら$\frac{3}{3}$mも分かる」
と明らかにしていきます。

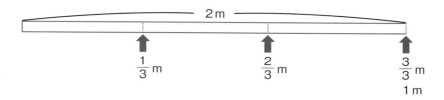

ところが$\frac{3}{3}$mのところで違和感をもつ子どもが出始めます。

> C　なんか，おかしくないですか。
>
> C　$\frac{3}{3}$mは1mでしょ。1mなのに2mになっている。
>
> C　順番に行くと$\frac{3}{3}$mはここだよなあ。
>
> C　初めの$\frac{1}{3}$mや$\frac{2}{3}$mの位置が違ったのかなあ。

　こうして子ども自身が，$\frac{1}{3}$mの判断の誤りに気付き，修正の方法を考え始め
ることができます。多くの実践では，初めに子どもが$\frac{1}{3}$mと誤って答えたと
ころで正しい$\frac{1}{3}$mとの議論の場を設定させています。しかし，こうするとな
かなかお互いの考えが理解されず，「自分はここだと思う」と主張し合って終
わってしまいます。

　私は，子どもが誤って答えてしまったとき，その場で無理に修正に向かわ
せず，一旦受け入れることにしています。そして場面を変えて適用させてい
くのです。すると，今回のように子ども自身が違和感や矛盾を認識し，問題
を明らかにしていきます。

　この分数の学習場面では，$\frac{3}{3}$mと2mがずれるところが違和感をもつところ
です。ここで「ずれないように，$\frac{□}{3}$mを修正しよう」と課題を焦点化します。

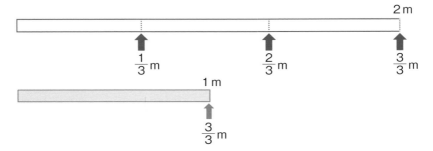

子どもは，まず，$\frac{3}{3}$m（1m）の位置を修正します。新しいテープ1mを提示し，$\frac{3}{3}$mだということを確認します。

C　だったら，$\frac{1}{3}$mはあそこだ。

C　3等分したうちの1つ分だから，あそこだ。

C　そうか。だったら$\frac{2}{3}$mはあそこだ。

C　$\frac{1}{3}$mの2つ分が$\frac{2}{3}$mだもんね。

C　ああ，これならぴったり合うね。

「$\frac{3}{3}$m（1m）を3等分した1つ分が$\frac{1}{3}$m」の気づきのところで，$\frac{1}{3}$mを明確にします。

その後，$\frac{1}{3}$mを単位として，$\frac{1}{3}$mが2つで$\frac{2}{3}$m，$\frac{1}{3}$mが3つで$\frac{3}{3}$mと整理していきます。

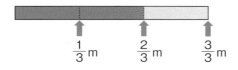

まとめ

導入で「$\frac{1}{3}$mはここだ」と答えた$\frac{1}{3}$と，修正後に答えた$\frac{1}{3}$，2つの$\frac{1}{3}$m（単位分数）を指さし，その違いを問います。

> 📋 $\frac{1}{3}$mが2つもできちゃったね。この2つの$\frac{1}{3}$mの違いは何ですか？
> 📋 最初の$\frac{1}{3}$mは2mを3等分した1つ分。
>   こっちの$\frac{1}{3}$mは1mを3等分した1つ分。基の大きさが違うんだよ。
> 📋「1mの」とか「2mの」とか言わないと分からない。
> 📋 でも$\frac{1}{3}$mは「1mの」でしょ。だって，「2mの」で考えるとまた$\frac{3}{3}$mが2
>   mっていうおかしなことになっちゃう。

子どもは次のようにまとめます。
・1mの$\frac{1}{3}$と2mの$\frac{1}{3}$は，もとの大きさが違う。
・$\frac{1}{3}$mというときは，1mが基の大きさになっている。

その後，最初に「$\frac{2}{3}$m」いった量については，どのように表現したらよいか問います。子どもが表現する様子を見ていると，子どもはその子らしい思考を働かせ，表現し始めます。

1 m　　? m

発展場面での分岐

A	B
適用思考	**創造思考**
"$\frac{1}{3}$mと同じようニ考えると"	"新しい方法をヒラメいた"
既知の考え方を適用する思考	新たな考えを生み出す思考

展開 5-A 適用思考を生かした発展

> **A**
> これまでの経験から，条件の範囲を限定して捉えて考える子どもです。例えば，「分数は分母より分子が大きくならないように」と考える子どもです。

1mの $\frac{1}{3}$ が $\frac{1}{3}$ mと捉えている子どもは，もう1m加えようと考えます。これまでと同じよウニ1mを基にして考えようとしている姿です。◀ **A** 適用思考

> **C** 1mがもう一本あればできる。
> **T** どういうことかな。1mをくっつけてみよう。
> **C** この1mにも $\frac{1}{3}$ mと $\frac{2}{3}$ mと $\frac{3}{3}$ mがある。
> **C** そうか，1mと $\frac{1}{3}$ mだ。次は1mと $\frac{2}{3}$ mだ。
> **C** そして次は1mと $\frac{3}{3}$ m。つまり1mと1mで2m。
> **C** これでピッタリ合う！

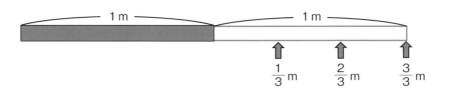

> **C** なんか，くりあがりみたいだね。10たまったら次の位になるみたいに，3たまったら次の位だ。
> **C** ほんとだ。整数の時と同じだね。

　基にする大きさの理解が，全体量（1m）の意識を強化し，帯分数の理解を深めていきます。

展開
5-B **創造思考を生かした発展**

B

新たな場面に出合った時，知識や技能を創ろうとする子どもです。例えば，1mを超えるときは分母を分子が超えてもいいと考える子どもです。

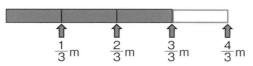

$\frac{1}{3}$m を単位として捉えている子どもは，$\frac{1}{3}$m が2つ分，3つ分と積み重ねることで，$\frac{4}{3}$m と表現してよいと考えます。

T どうして $\frac{4}{3}$m って考えたか分かる？

C $\frac{1}{3}$m が2つで $\frac{2}{3}$m，3つで $\frac{3}{3}$m，

だから4つだと $\frac{4}{3}$m になるって考えたと思う。

分母より分子が大きくなることに違和感をもつ子どももいます。その違和感もみんなで話題にしていきます。

C でも，$\frac{4}{3}$m ってなんか変じゃない。

C 分子の方が大きいって，今までなかった。

C 分数って1より小さいはず。1を3等分するから。

C でも，その4つ分だから，4でいいと思う。

C $\frac{1}{3}$ が5つなら $\frac{5}{3}$，6つなら $\frac{6}{3}$，10なら $\frac{10}{3}$ だ

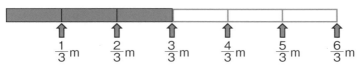

こうして，学級の実態に応じて捉えやすい表現（帯分数と仮分数）で導入し，次の時間にもう一方の表現を学習する流れで展開することができます。

あなたらしさを大切に

　子どもが問題解決に取り組む様子をよく見ていると，1人1人異なります。当たり前のことなのですが，この違いは意識して見ようとしないと見逃してしまうような小さなサインとして表れます。呟きだったり表情だったり細かな言葉の表現だったり……。その時，子どもは確かに自分から問題に働き掛けています。自分から未知の問題に働き掛けるというのは勇気のいることです。勇気のいることだから，自分の得意な思考をもち出すのです。

　ひょっとすると，教師から見れば遠回りに感じたり，無駄なことをしたりしているように思うこともあります。でも，それぞれの思考を入り口として，算数の学びを深めることにつながることは，本書で紹介した通りです。逆を言えば，算数の学びを深めることにつながる思考を，教師が見とることが重要です。そのような思いから，教室にいる1人1人の小さなサインを見とり，見とった事実を集めて整理したのが，本書で紹介した“7つの学び方”です。このように整理することで，授業中に子どもから表れる小さなサインを見逃さないように，見とりの視点をもつことができます。言葉とともにキャラクター（だじゃれですが……笑）として示すことで，可視化して自覚を促すこともできます。さらに，その子どもらしい学び方を授業構想や展開に役立てることができるようになります。実は本書を執筆しながら自分の見とりや整理の仕方の不十分さをすでに感じています。まだ見とれていなかった価値ある思考があることが見えてきているのです。子どもを固定的に捉えず，見とりを続け，その変化に敏感でいることはこれからも大切にしたいことです。

　ある日，子どもに声を掛けられました。
「先生は，イカすが得意ですよね。私，先生と授業をするようになって，『今日の授業は前のあれがイカせてるなあ』『今回は何がイカせるかなあ』って自然と考えるようになっちゃいました。これも先生と出会えたからですね」

　教師だけでなく子どももまた，他者の得意な思考を見とっているのだと気付かされました。同時に，他者が得意とする思考を自分のものにしているところに成長を感じました。子どもは1人1人得意な思考をもっています。そ

の思考を働かせていることには価値があります．しかし，“成長”を“今の自分
と異なる自分になること”と考えると，自分にはない思考を身に付けていくこ
とも大切にしたいものです。先程の子どもが私の得意な思考を見とり，自分
の学び方に取り入れていることは，まさに成長といえるでしょう。同じよう
に，**自分以外の思考に触れ，経験してみる機会が授業中にあることは，自分
以外のみんなと集まって，学校で学ぶ価値なのだと思います。**

　1人1人の力は未熟なものかもしれません。それでも，1つ1つの「その
子らしい学び方」は，世の中の様々な問題をより良く解決し，自分や身の回
りの人を幸せにしていく価値のあるものだと伝えていきたいと思います。こ
のように私が「何のためにその授業をするのか」と自問自答を繰り返し，今
掲げている「パーパス（志）」は「その子らしく，自由に学ぶ」です。

　「パーパス（志）」は，その人らしさそのものです。教師1人1人異なるでし
ょう。自分が受けてきた過去の教育とも異なるでしょう。目の前の子どもの
実態によっても異なるでしょう。私のパーパスも今後変わっていくでしょう。
それでよいのです。パーパス思考の最大の壁は，私たち自身です。私たち大
人が変わることを恐れず，「他者との差異や違いに意味や価値がある」ことを
本気で具現できるかどうかにかかっています。

　　私がこのように考え続けてこられたのは，これまで出会ってきた子ども
たちのおかげです。素直に疑問を投げかける姿，共通点を見つけ興奮する姿，
例を挙げながら考えを懸命に伝える姿など，自分らしく学ぼうとする子ども
の姿にいつも刺激と勇気をもらいました。同時にその子らしい学びを考える
とき，「なぜ，その授業をするのか」を考えることは，私にとって必然でした。
一緒に授業をしてきた子ども1人1人と保護者の皆様に伝えたい感謝の気持
ちを，本書に詰め込んだつもりです。本当にありがとうございました。

　　最後になりましたが，筆の遅い私をいつも励まし，何度も検討を重ね，私
らしい「志」を引き出し整理してくださった，東洋館出版社の石川夏樹氏に，
この場をお借りして深く御礼申し上げます。

パーパス　　　　　　　　　　あなたのパーパスは?

ビジョン

ミッション

バリュー

参考・引用文献

石井英真（2020）「授業づくりの深め方　『よい授業』をデザインするための５つのツボ」ミネルヴァ書房

今井むつみ（2016）「学びとは何か−〈探究人〉になるために」岩波新書

大西忠治（1987）「授業づくり上達法—誰も語らななかった基礎技術」民衆社

学校図書「算数教科書早わかり系統表　領域編」https://www.gakuto.co.jp/docs/ps/sansu/pdf/R2s_sansu_predigree_chart_area3_light.pdf

学校図書（2020）「みんなとまなぶしょうがっこうさんすう１ねん」年間指導計画

木村泰子，工藤勇一，合田哲雄（2021）「学校の未来はここから始まる　学校を変える，本気の教育論議」教育開発研究所

志田倫明（2022）「算数教科書のわかる教え方」学芸みらい社

ジョン・デューイ（2004）「経験と教育」講談社学術文庫

杉山吉茂（1997）「少なく教えて多くを学ぶ算数指導　公理的方法の考えに基づく算数授業の展開」明治図書

鈴木宏昭（2022）「私たちはどう学んでいるのか　創発から見る認知の変化」ちくまプリマー新書

坪田耕三（2014）「算数科授業づくりの基礎・基本」東洋館出版社

苫野一徳（2019）「『学校』をつくり直す」河出新書

西山圭太（2021）「DXの思考法」文藝春秋

平野朝久（2017）「はじめに子どもありき」東洋館出版社

文部科学省（2017）「小学校学習指導要領」東洋館出版社

その子らしさに応じる授業を実現する！
算数授業のパーパス思考

2023（令和 5 ）年 9 月17日　初版第 1 刷発行

著　　者：志田倫明
発 行 者：錦織圭之介
発 行 所：株式会社　東洋館出版社
　　　　　〒101-0054　東京都千代田区神田錦町 2 丁目 9 番 1 号
　　　　　　　　　　　コンフォール安田ビル 2 F
　　　　　（代　表）　電話 03-6778-4343／ＦＡＸ 03-5281-8091
　　　　　（営業部）　電話 03-6778-7278／ＦＡＸ 03-5281-8092
　　　　　振　　替　00180-7-96823
　　　　　Ｕ　Ｒ　Ｌ　https://www.toyokan.co.jp

ブックデザイン：新井大輔　中島里夏（装幀新井）
イラスト：すずき匠（オセロ）
印刷・製本：藤原印刷株式会社

ISBN978-4-491-05059-1　　　　　　　　　　Printed in Japan